これでシンクロする
生き方が見えてくる!!

古代マヤ暦「13の音」占い

古代マヤ暦「13の音」占い　もくじ

1 あなたの人生を決定づけるマヤ暦と13の「銀河の音」

2 「13の音」が示す特徴と性格
シンクロを引き寄せるキーワード

3　13の音でわかる理想の相性、人間関係

4 謎に満ちた神秘のマヤ文明が21世紀の人類に伝えたいこと

カバーデザイン◆熊澤正人＋熊谷美智子（パワーハウス）

プロローグ　「シンクロ」を起こす生き方が成功と幸せを呼ぶ！

あなたの人生を左右するシンクロニシティ

「ユダヤ富豪」と呼ばれる大成功者の足跡を辿ると驚くべきことに、彼らのすべてが、多くの「シンクロニシティ」を経験して成功者になっているのです。

彼らの成功の背景には、間違いなく「シンクロ」が起きていたのです。

シンクロが起きないで成功者になった例は、ありません。

ということは、どんな人でもシンクロさえ起きれば、今の人生とはまったく次元の違うより素晴らしい人生を歩むことも可能だということです。

「シンクロニシティ」とは、そこには何も因果関係がないのに、非常に似たような現象が、同時に起こることをいいます。

いうならば、意味のある偶然の一致、というものでしょう。

では、シンクロを引き寄せるには、どういうことを心がけたらいいのでしょう。

実は、そのヒントが、本書で紹介するマヤ暦にあったのです。

本書はこのマヤ暦の中の「秘中の秘」と言っても過言ではないシンクロを引き寄せるキーワードである「13の銀河の音」を詳しく紹介するものです。

ところで、マヤ暦をご存知ですか。

今から約4000年前、現在の中央アメリカに誕生し、数千年にわたって栄えたのが、マヤ文明。AD900年頃に忽然《こつぜん》と姿を消した「謎の古代文明」といえば、おわかりでしょう。

そのマヤ文明に、燦然《さんぜん》と光輝く智恵があったのです。

それがマヤ暦、マヤのカレンダーです。

このマヤ暦の中には、宇宙の叡智《えいち》ともいわれる高度な智恵が隠されているのです。

その智恵の中に、シンクロニシティの秘訣が隠されているのです。

それを読み解いた人は、あたかもユダヤの富豪が成功したのと同じように、成功と幸せを手に入れることができるのです。

それほど重要なカギをにぎっているのが、まさにこのシンクロニシティだったのです。

高校生プロゴルファー石川遼の活躍もシンクロにあった

この「シンクロと成功」との関係で非常にわかりやすいのが、まさに男子ゴルフ界の新星として活躍している高校生プロゴルファーの石川遼君です。

15歳で男子プロゴルフトーナメントに優勝。2008年にはプロトーナメントで、プロとして17歳の最年少で初優勝。一躍アイドルなみの人気者に。

しかし、〝ハニカミ王子〟こと石川遼君の活躍は、決して偶然ではありません。マヤ暦から見ると、当然すぎるほどの活躍なのです。

彼は、マヤ暦の「銀河の音13」の247（運命数）の日に生まれています。

詳しくは、本文に譲りますが、「音13」の人は、多才で何でも器用にこなす、セルフイメージも肯定的なタイプ。あの爽やかな石川遼君のイメージにまさにぴったりなのです。

しかも「音13」の人は、奥底に満々たる集大成の力を秘めているのです。

彼はある雑誌のインタビューに対して、

「誰かに助けてほしいぐらい苦しいゴルフで泣きそうになったが、我慢すれば必ず最後にいいことが待っていると信じてプレーした」

「マスターズに勝つまでは、自分に厳しくやっていかなければいけない」

と発言していました。

彼はどこまでも目標に対し自分に厳しく、自分を律して生きているのです。

音13の人は「没頭する」ことが、シンクロを引き寄せるキーワードになっているのです。ゴルフに打ち込み、目標に没頭することで秘めている集大成の力を爆発させ、シンクロを引き寄せたのです。

マンシングウェアオープンで優勝した２００７年5月20日は、マヤ暦でいうとまさに「２４７」に当たる日で彼の誕生日の数字と同じ。これは２６０分の1という驚異的な確率であり、彼にとっては、最もシンクロの起きやすい日でもあったのです。

マヤ暦は、あなたがシンクロを引き寄せやすい日を知りたければ、それさえも極めて的確に教えてくれるのです。

「音」がシンクロを呼び寄せていた

シンクロを起こすことが、幸せや成功に結びついていくのです。

その出発点は「音」なのです。

中学校の理科で「音叉」を使った実験を覚えておられるでしょう。２本の音叉を離して１本の音叉をたたくと、もう１本の音叉もやがて同じ音を出し始めます。

共鳴現象というものです

共鳴現象が起こると、たたいてもいないのに、自然に音が鳴り始めるのです。

音叉は物理現象ですが、共鳴は物理現象以外にも起こるのです。

つまり、人間でも性格でも、そのほか何でも、波長が同じであれば、同じもの同士が共鳴し合って近づき、より大きな力が生まれるのです。

人間の「思い」もそうです。

「思い」は、磁石のように同じ性質のものを引き寄せてきます。

「類は友を呼ぶ」という諺《ことわざ》がありますが、似たような考え、境遇の人は、引き寄せられて群れをつくるという意味です。これも共鳴といっていいでしょう。

「気が合う」というのも共鳴の例です。反対に「虫が好かない」とか「気が合わない」というのは、〝非共鳴〟しているためです。

また「つきを呼ぶ」というのも、シンクロニシティと関係があります。潜在意識に送り込まれた良い情報には、共鳴の原理で、それと同じ波長の良い情報を呼び寄せるのです。それを「ついてきた」「つきが回ってきた」などと表現するのです。

シンクロニシティも、人間の思いが引き寄せる現象だともいえるのです。つまり、

・音は、共鳴現象を起こす／・シンクロニシティも共鳴現象の1つ

ということが、いえます。これらの2つのことから、「音がシンクロを呼び寄せる」ということになります。

そうです！　シンクロを起こす出発点は「音」だった!!　のです。

マヤ暦があなたの「本来の音」を教えてくれる

音には大切な原則、法則があります。次のようなものです。

・音が決まると、共鳴するものが決まる。
・何と共鳴するかで、人生が決まる（大きく左右される）。
・悪いものと共鳴していたら、修正して本来のものに共鳴させよう。
・音の修正をするためには、自分の本来の音を知ることが大切。
・本来の音に戻ることによって、共鳴するものがはっきりわかってくる。
・何に共鳴するかによって、人生は大きく決まる。

以上のことから、いかに音が大切かおわかりでしょう。音というものからすべてが出発しているのです。宇宙の出発のビッグ・バンや人間の誕生時の「オギャー」など、すべてのスタートは音から始まっているのです。

マヤ暦は、あなたの本来の音、これをマヤ暦では「銀河の音」（全部で13ある）といいます。マヤ暦はあなたにシンクロを引き寄せる「銀河の音」を教えてくれるのです。ぜひ、13の音の中から自分の「銀河の音」を知って、本来のあなた自身になってください。そうすれば、不思議なくらいに人間関係も良くなり、充実した日々が訪れるでしょう。

「銀河の音」に合わせれば、おもしろいようにシンクロ現象が!!

自分の音を知り、音に歩調を合わせれば、おもしろいようにシンクロ現象が起きてきます。

「そういえばあの人、どうしているかな？」と思っていたら、突然、その本人が訪ねてきたとか、本人から久しぶりに電話がかかってきたなどといったことはよくあることです。

また、「タクシーを探していると、目の前でタクシーが止まり、客が降りた」など、偶然にしてはあまりにもタイミングが良すぎる、必要なことが向こうからやってくるといったような経験はありませんか。

実はこれらは偶然ではなく、誰にでも起こりうる宇宙の必然現象、シンクロそのものなのです。

シンクロニシティとは、「心や頭で感じていること」と「目の前で起こった現実」が一致することをいいます。

「心で思ったこと」が「目の前で起こる現実」を引き寄せるために、引き寄せの法則とも言われます。

「会いたいと思っていた人にバッタリと出会う」「買おうと思っていたものを突然プレゼントされる」「別の用事ができて、友達との約束をキャンセルしなければと思っていると、その友達から、約束の予定を変更したいという連絡が入る」といったこともシンクロでしょう。

これらのことはささいなこと、小さな出来事ですが、このような出来事が頻繁に起こるようになると、次はもっと大きな出来事、奇跡的なタイミングでビッグなことが起こり出してくるのです。

小さな出来事に気づけないでいると、大きな出来事が起こっても、何も気づかないまま見過ごしてしまいます。

シンクロニシティは、宇宙からの啓示、メッセージなのです。

まずは、その事実に気づくことが大切でしょう。

今こそ、シンクロを起こす生き方を！

シンクロが起きるというのは、何かしら大きな力によって「導かれている」ということであり、宇宙の大きな流れに乗っていることでもあります。

シンクロを起こすには、「共鳴するポイント」をつかむことが大切です。

「共鳴するポイント」をつかむと、昇りエスカレーターを走って昇るくらいの勢いが出てきます。反対に、「共鳴するポイント」をつかみそこねると、下りのエスカレーターを昇ろうとするようなもので、なかなか思うようにいかないので、現状維持が精一杯。

「共鳴するポイント」さえつかめば、間違いなくシンクロが起きやすくなり、人生を加速度的に走れるようになるでしょう。

本書をお読みいただければ、共鳴するポイントがどこなのか明確におわかりいただけると思います。

ぜひ、自分の本来の音を知って、シンクロを起こす生き方を始めてみましょう。そうすれば、あなたは必ず「成功」と「幸せ」を手に入れることでしょう。

ちなみに本書は、あくまでも「マヤ暦」の入門書。というのも本書で取り上げる「13の銀河の音」は、膨大で深遠な内容がある「マヤ暦」の内容のほんの一部にしかすぎないからです。

しかし、「入門書」にもかかわらず、1章から順次読み進んでいただければ、マヤ暦の一部である「13の銀河の音」だけでも恐ろしいほど奥深い内容があることに、読者の皆さんは、きっと驚かれることでしょう。

では次章からマヤ暦の奥深さを十二分にご堪能ください。

1

あなたの人生を決定づける
マヤ暦と13の「銀河の音」

極めて正確、精巧な暦を使っていた古代マヤ人

マヤの科学水準は非常に高く、そのレベルは4大文明以上とさえいわれています。

マヤ人は、非常に正確な天体観測から得られた暦を使っていたことが、明らかになっています。彼らが使用していたカレンダーは、短期暦、長期暦、太陽暦、神聖暦など10数種類といわれています。

長期暦は、精緻《せいち》な天体観測から得られた太陽黒点の大周期936万日と、それを5分割した1、872、000日（約5、125年）から計算されたものでした。

短期暦は、360日の周期を13と20の比で割り振った約256年周期の暦でした。

マヤにおいても太陽暦が使用されていましたが、現在世界で使われている「グレゴリオ暦」（1年を365・2422日と計算）に非常に近い365・2420日と計測されたものです。千年以上も前に計算されたこの精巧さは、驚異的といってもいいでしょう。

神聖暦は、260日周期のカレンダーです。この神聖暦こそ、マヤの時間思想の根幹となるものです。

マヤでは、太陽暦と神聖暦の2つの暦を連動させて考えています。このため、365日と260日の最小公倍数である1万8980日が、非常に意味のある期間となります。

このように、マヤにおいて数学と天文学の知識が突出して発達していましたが、その理由については、今なお謎とされています。

「時間」を「意識、エネルギー」と考えたマヤ

マヤ人が使っていたカレンダーは、自然と天文現象を精緻に観察し、その結果に基づいてつくられたものです。

しかし、それは単なる「天文学」ではありません。マヤ人は「時間」を単に〝刻むもの〟ではなく、〝意識、エネルギー〟として考えたのです。

私たちは時間といえば、すぐに時計を思い出します。しかし、マヤにおける時間は、決して時計ではとらえられない「時間」なのです。

マヤの「時間」を理解するようになれば、私たちの時間に対する意識が変わります。自分がどんな人間なのか、自分は何をしたいのか、今後の方向性も見えてきます。宇宙のエネルギーを知って、それに歩調を合わせることで、シンクロ現象も起きやすくなります。

マヤ暦が言いたいのは、実はそのことなのです。

13という数字が意味すること

マヤ暦の基本となるのは、サイクルの考え方です。

マヤの人たちは、宇宙には神の意識（エネルギー）が日々流れていて、サイクルによって構成されていると考えます。

その1つが、「13」を基数としたサイクルです。「13」という数字は、欧米では忌《い》み嫌われる数字で、ビルなども12階の次は14階になっていたりしますが、本当は、宇宙の定数ともいうべき重要な数字なのです。

自然界や宇宙に見られる13にまつわる現象などは、次のようなものです。

①太陽のウォルフ黒点数の極小値の平均周期は、約１３０年（13×10年）である。

②地球の衛星である月は、１年間でほぼ13回、地球の周りを回っている。

③地球の地軸にはブレがあり、これは円錐運動を起こしているとされるが（地球の歳差運動）、その周期は２６０００年、つまり２６０００＝13×20×１００である。

④海の波の周期は、１分平均18回で１日２６０００回前後。

⑤人の呼吸の回数は、１日当たり２６０００回前後（１分平均18回として）18×60×24＝２５９２０回≒２６０００回。

⑥火星の会合周期（太陽―地球―火星と並んだときから数えて、次に同じ状態になるまでの日数）は、７８０日（13×60日）。

⑦生物の絶滅の周期２６００万年（シカゴ大学Ｊ・セプコフスキー、Ｄ・ラウプ氏）。

④の寄せては返す海の波の数字（1日）と、⑤の呼吸の数字（1日）は同じです。私たちが波を見ると心が落ち着くのは、波の周期のリズムに私たちの呼吸のリズムが一致するからです。

このように13という数字は、自然界や宇宙の至るところにひそんでいて、真実を表す数なのです。この13という数字を知れば、真実が見えてくるのです。

歴史の支配者に封印された「13」

私たちが今使っている時間は、60秒、60分、12時間、12ヵ月で表される12進法と60進法です。

現代文明は、およそ5000年前にエジプトやバビロニアで始まりました。そのとき、エジプトやバビロニアの神官たちは、それまで使っていた13のサイクルのカレンダーを隠し、新しく12のサイクルのカレンダーや〝時間〟を無条件に受け入れ、これに従った生活をするようになりました。

なぜ、13というサイクルが、12というサイクルに変わってしまったのでしょうか。

エジプトやバビロニアの神官たちが、13のサイクルから12のサイクルのカレンダーに改編したのには、ある狙いがありました。

それは13のサイクルに現れてくる「真実」を隠すことによって、人々を容易に支配できるようになることを知っていたからです。真実を知らない人々を支配することは容易です。

それ以来、地球の多くの地域で、12：60のサイクルの「時間」が人々の心に定着するようになりました。

「時間」は、過去から未来へ流れるだけのものと認識され、それ以外の意味はなくなってしまいました。

この12：60の時間が歴史にもたらしたものは、富と支配、そして〝権威〟の論理でした。その結果、人類は、特定の支配者のもとに従属させられるようになり、つくられた〝権威〟を盲目的に信じ込まされ、支配に逆らう者を屈服させるための争い、すなわち戦争に駆り出されました。

12：60の心は争いを好みます。自分の立場を強固にするためには手段を選ばず、個人攻撃でも何でも仕掛けます。

彼ら支配者たちが13のサイクルを消したことによって、人々の目には真実が見えなくなりました。これによって、もともと「時間」がもっていた宇宙からのメッセージも、失われることになったのです。

私たちは、争いを好む12：60の時間の心を離れて、今こそ自然の調和と秩序をもたらす13のサイクルへ、心の中心を移動させなければなりません。

それこそが、マヤが伝えてきた真実のメッセージにほかなりません。

13種類の「銀河の音」とは

マヤ暦では、13という数字は特別な数字です。時間の流れを13で表し、13日で1つのサイクルを形成するとしています。すなわち、13日間ごとに時間の流れが変化していくと考えるのです。

時間の流れのサイクルには、13日サイクルだけでなく、次に52日、260日、4年、13年、26年……というサイクルがあります。

13日間のサイクルは、最小のサイクルであり、32ページの上表のように「点と棒」とで13種類のマヤ数字が表されます。

マヤの「時間法則」を周期律表として表したホゼ・アグエイアス氏によれば、銀河の中心からパルス波、パルス光線が発せられているといいます。パルス波とは、心電図に見られるような「パッ、パッ」とした断続的な波形のことです。それが13種類あって、13日間にわたって毎日1種類ずつ発せられているといいます。

この点と横棒で表される13種類の音を、「銀河の音」と呼びます。

あなたの「銀河の音」の出し方

あなた自身の「銀河の音」の出し方は、まず巻末の「西暦とマヤ暦の対照表」から、誕生日の数字を出します。これがあなたの一生を決定する「運命数」になります。

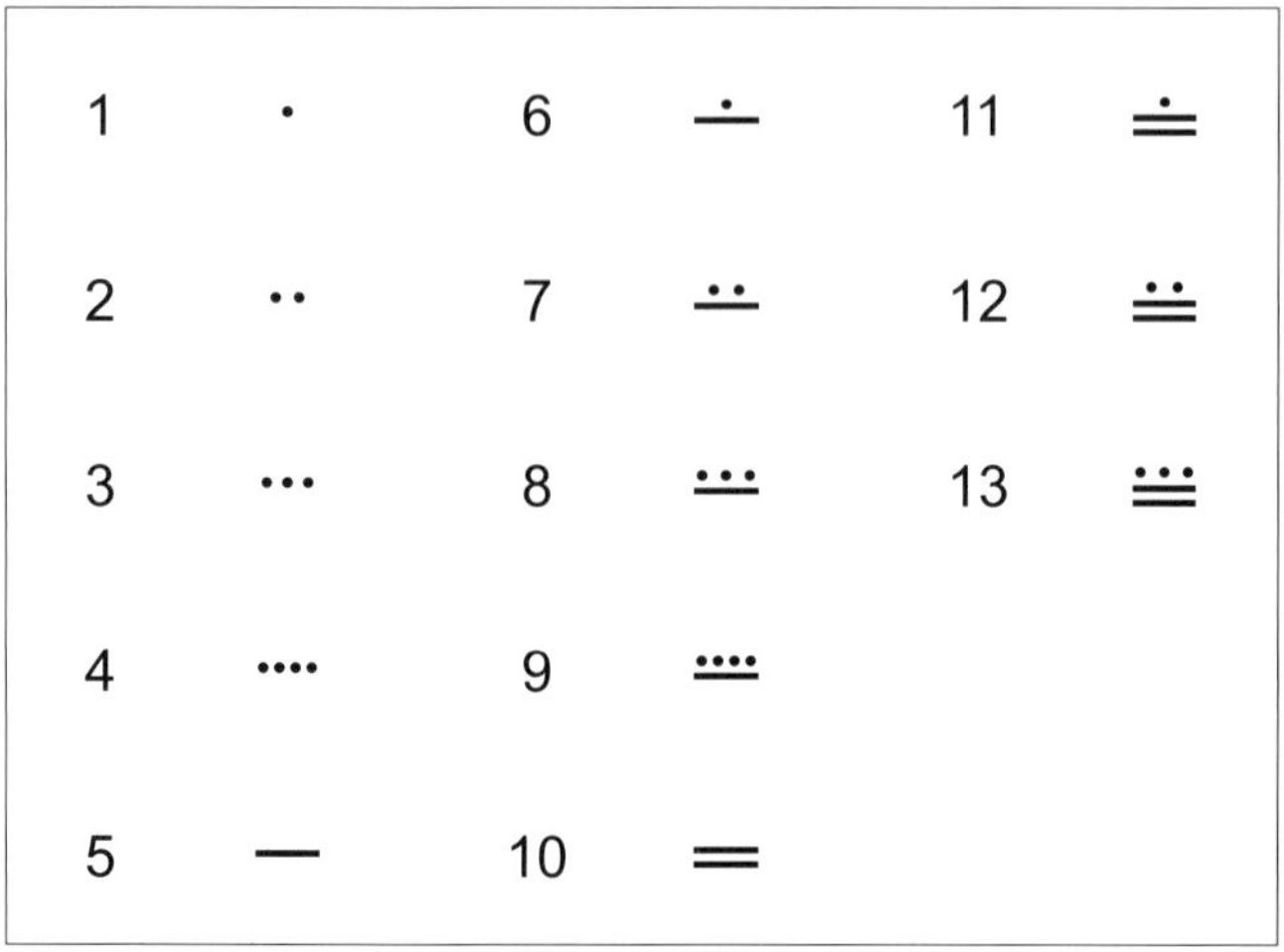

1	・	6	$\dot{-}$	11	$\dot{\overline{\overline{}}}$
2	・・	7	$\overset{..}{-}$	12	$\overset{..}{\overline{\overline{}}}$
3	・・・	8	$\overset{...}{-}$	13	$\overset{...}{\overline{\overline{}}}$
4	・・・・	9	$\overset{....}{-}$		
5	—	10	=		

銀河の音を表すマヤ数字：点が1の単位、横棒が5の単位を表す

この運命数と同じ数字を、次ページの「早見表」から選びます。その数字の上の「点と棒」があなたの「銀河の音」となります。

マヤの数字の表記では点（●）1つが1、横棒線（—）1つが数字の5を表します。たとえば「横棒が1本、点が2つ」であれば、「銀河の音」は5＋2＝7となり、「横棒が2本、点が1つ」であれば、「銀河の音」は5＋5＋1＝11となります（上表）。

野球選手のイチローを例に見てみましょう。彼の誕生日は、1973年10月22日です。巻末の「西暦とマヤ暦の対照表」でその誕生日を調べると、212という数字で

あなたの「銀河の音」を見つけ出す早見表

1	21	41	61	81	101	121	141	161	181	201	221	241
2	22	42	62	82	102	122	142	162	182	202	222	242
3	23	43	63	83	103	123	143	163	183	203	223	243
4	24	44	64	84	104	124	144	164	184	204	224	244
5	25	45	65	85	105	125	145	165	185	205	225	245
6	26	46	66	86	106	126	146	166	186	206	226	246
7	27	47	67	87	107	127	147	167	187	207	227	247
8	28	48	68	88	108	128	148	168	188	208	228	248
9	29	49	69	89	109	129	149	169	189	209	229	249
10	30	50	70	90	110	130	150	170	190	210	230	250
11	31	51	71	91	111	131	151	171	191	211	231	251
12	32	52	72	92	112	132	152	172	192	212	232	252
13	33	53	73	93	113	133	153	173	193	213	233	253
14	34	54	74	94	114	134	154	174	194	214	234	254
15	35	55	75	95	115	135	155	175	195	215	235	255
16	36	56	76	96	116	136	156	176	196	216	236	256
17	37	57	77	97	117	137	157	177	197	217	237	257
18	38	58	78	98	118	138	158	178	198	218	238	258
19	39	59	79	99	119	139	159	179	199	219	239	259
20	40	60	80	100	120	140	160	180	200	220	240	260

あることがわかります。

「早見表」で212の数字を見ると、点が4つですから、イチローの銀河の音は4ということになります。

このようにして求められた数字が、あなた自身の「銀河の音」です。

この「銀河の音」が、あなたの原動力、エネルギーを表し、あなたに内在する「成長、発展しようとする力」を示します。これが、あなたの性格特性を決定づけ、ひいては相性、人間関係を占うものとなります。

「銀河の音」を知れば本当の自分がわかる

「銀河の音」がわかれば、自分が本来どんな人間なのか、自分は何をしたいのかといった今後の方向性が見えてきます。

というのも「銀河の音」は、あなたの「心の刻印」「心のDNA」という一面をもっているからです。

心の方向性、生きる目的は、人によって様々です。

ある人は、「たった一度の人生だ。毎日を楽しく、おもしろく生きられればそれで満足だ」といい、ある人は「心豊かになることが、一番の幸せだ」といいます。

また、ある人は「競争に勝って、豊かな生活を手に入れることが人生の成功だ」と考え、「人を愛さなければ、生きていても意味がない」と思っている人もいます。

この志向の違いは、どこからくるのでしょうか。

それを解き明かすカギこそが、「銀河の音」にあるのです。

私たちは、「銀河の音」の意味を知ることにより、本来あるべき自分を知り、自分が最終的に到達したいと思っている地点を知ることができるのです。

「銀河の音」の意味に従って生きれば、あなたの心は大きく成長するでしょう。宇宙のリズムに乗ることで、自分の人生を創造的につくっていくこともできます。運命に翻弄《ほんろう》されるのではなく、光り輝く素晴らしい人生の「主人公」になれるのです。

それは宇宙のエネルギーに沿って生きることであり、生きることを楽しみ、生きることの意味を知ることです。

「銀河の音」はあなたの一生を決める「生命の刻印」

誕生日の日に銀河の中心から発せられた「銀河の音」は、その人の一生を決定づけるほどの「生命の刻印」となります。つまり、人は自分が誕生した日のエネルギーに大きく支配されているのです。

別の言い方をすると、「人は自分が望む人生の目的を生きるのに最もふさわしい日を選んで生まれてくる」といえるでしょう。

音1から音13までの13種類の「銀河の音」には、創造的な力の機能と行為があるとされます。それぞれの音のもつ意味は、以下の通りです。

音1の意味　意思を決定する、決断を下す人。

まず始めに意識ありきです。意思決定からの出発です。

音が1の人は、極めて迷いの少ない決断力のある人で、いわゆる即断即決タイプ。

責任ある立場で能力を発揮しますが、器用さには欠けます。

音2の意味　二極化、平凡を嫌う人。

宇宙はプラス、マイナス、陽と陰、男と女という2つの相対する性質のもので成り立っています。このような二元に分けることが、この音2の段階。

音2の人は、混沌とした状態から何らかの方法で2つの性質のものに分類する能力があります。

何かを選択したり、分析する分野で能力を発揮しますが、自分勝手に決めつけてしまったり、思い込んだりする傾向があります。

音3の意味　くっつける、素直な奉仕人。

性質の異なるものをくっつけ、互いに協力し合うように働きかけるのが、この第3番目の音の力です。

くっついたり、共鳴現象が起こらなければ、広がりはありません。

この音をもつ人は行動的で、奉仕の心がある人です。そのため人と人との結びつきに心を砕く人です。従来の枠にとらわれて用心深くなり、訣別したり捨てることが簡単にはできません。

音4の意味　計測する、安心を与える職人。

1つ前の音3の内容をさらに掘り下げ、ビジョンを明確にしていくのが、この音4のステップです。この能力によって、フォーメーションを決定します。

この音の人は、計測能力やビジョン形成の能力があり、そのうえ掘り下げることが得意な人です。ビジョンを形にするのは、得意ではありません。

音5の意味　中心を定める、底力の人。

前の音4で創造するものの様式、フォーメーションが決まったら、次は中心機能を定める番。この音5で「つくられるもの」の中心となるものがつくられます。

この音の人は、モノやアクションの中心機能が何であるべきかを、しっかり決める能力があります。その反面、中心となるべきものが定まるまでは、不安定な状態に置かれます。

しかし、一度中心となるべきものが定まってしまうと、テコでも動かない頑固さがあるので、マイナス面が出るとトラブルの元となります。

音6の意味　対等、マイペースな人。

音5で中心機能が決められたら、その働きをもった多くの器官や部品をつくることができるようになります。人体にたとえれば、心臓をつくったら、腎臓や肝臓などをつくるようになり、これが音6のステップです。

この音の人は、マイペースで動じない人です。相手の心を読んだり相手に合わせて行動することが不得手なので、相手を尊重して、大切にする気持ちが大切です。

音7の意味　調律する、自己探求の旅人。

音6で様々な組織、器官がつくられると、それらが相互に波長が合うようにすることが大切になります。

各組織、器官が発する波長を互いに合わせる作業、ラジオでいえば、ダイヤルのつまみを合わせる（チューニング）作業が、この段階に当たります。

この音の人は、人の波動や宇宙に自分の波長を合わせる能力があります。人や宇宙が発する情報に波長を合わせることができたとき、思わぬ情報を得ることになります。たくさんの情報が音7の人に入ってくるのです。

この音の人は、受け取った情報の精査を怠ると、情報に振り回されます。〝自分探しの旅〟は、今日も続くのです。

音8の意味　調和的共振、バランスを大切にする世話人。

音6で諸器官の機能がつくられ、音7で諸器官相互の波長合わせが完了すると、それらの諸器官は互いに共鳴し合うようになります。これが音8のステップです。

共鳴、共感こそが音8の力を発揮させます。

この音の人は、人の気持ちに波長を合わせるのが上手で、どんなグループにもすっと溶け込んでいけるタイプ。音6の人とは対照的です。
8の音の人は、生命あるものを相手にして生きていくことが大切で、動物などが好んで近づいてくるユニークな面があります。

音9の意味　意図の脈動、ワクワク、ドキドキを愛する人。

音8で調和的共振が達成されると、諸器官は躍動的な状態に入ります。ちょうど心がウキウキしてくるような状態です。音9の人は、人を元気づける役目をもっています。しかし反面、自分の心の躍動がすぎると、自分がの世界に入りすぎ、現実を見失いがちです。地に足をつけることが大切です。

音10の意味　顕現する、能力を発揮させるプロデューサー。

前の音9で躍動的な状態になった「諸器官」は、いよいよその形を現します。形として現れたものは「生産」の段階に入りますので、「プロデュース」でもあるのです。
これは音4でつくられたフォーマット、フォーメーションが、いよいよ形として現れ出ることを意味しています。

10の音の人は、頭の中にあるビジョンを実際に目に見える形で現す能力があるので、企業などでは、イベントを企画し実行する総合力を発揮するでしょう。

また、新製品などの開発分野で力を発揮し、発明家などの良いアドバイザーとなりますが、細かいところへの配慮不足の面があります。

音11の意味　エネルギーの解放、信念の人。

音10で当初の創造で意図されたものが姿を現すと、次は、形の中に閉じ込められたエネルギーを解放することが必要です。

そのエネルギーの解放は、しばしば周囲に混乱を生み出し、このとき生まれる不協和は、避けることができない必然的なもの。というのもこの不協和こそが、新しいステップへの進化の原動力となっていくからです。

この音をもっている人は、閉塞《へいそく》状況を打破する力があります。典型的な人物が小泉純一郎元首相。郵政解散選挙で見せた彼の爆発的な破壊力は、国民がまざまざと見たところです。

この音の人は、自己の内部に相克を抱えています。また、自らの信念を強烈に貫くため、次々と既存の仕組みは壊れていきます。

音12の意味　収束させる、処理能力に長《た》けた人。

音11がエネルギーの解放によって、ある種の混乱をもたらしたので、次は、この状況を安定させなければなりません。それが、このステップの12です。

この音の人は、少々のことにはこだわらない度量があり、清濁あわせ飲むといった感じです。

しかし、この大雑把さは、分析や選択といった面で欠点を現しますので、音2の人の分析・選択の能力を借りる必要があるでしょう。

音13の意味　超越する、集大成の力、新しいサイクルを生み出す力

ここに来て、ようやく創造のステップは1つの区切り、完成の段階を迎えます。

しかし、それは音1の段階で意思決定されたことの完成にすぎません。宇宙の創造は止むことなく続き、次に新しい意思決定の段階に入ります。

この音はステップの終わりだけでなく、新しいステップへ入り込ませる力をあわせもっています。

この音の人は、様々な能力をもった器用な人。ある段階を超越するには、忍耐が必要ですから忍耐力もあります。

しかし、何でもやれるという器用さのために意思決定に時間がかかったり、迷ったりします。順番が次の音1の人と共同することがカギになるでしょう。

すべての「出来事」はあなたへの大切なメッセージ

自分の本質に目覚め、生まれてきた目的がわかれば、自分の周りに日々起こる出来事や、偶然のように見える人との出会いの中にも、自分が日々生きていくうえで必要な「メッセージ」を見出すことができます。

「銀河の音」を知ることによって、「共鳴するポイント」、今日の意識の「フォーカス・ポイント」さえ明確になってきます。あなたの人生にシンクロニシティが誘発されるのです。

それを知らないで生きるのと、知ったうえで意識的に努力するのとでは、結果において大きな差が生じてきます。

1日、1日の定義づけを意識して過ごせば、ラッキーなこと、あなたにプラスなことが、次々と起こってくるでしょう。

また、何かアクシデントがあったとしても、「これはこういう意味なのだな」と冷静に対処できます。

「宇宙がこういうメッセージを送ってくれているのだ」ということが理解できれば、落ち込まないで、前向きに積極的に行動することができます。

それこそが、驚くべき秘められた「マヤの智恵、マヤの教え」なのです。

「銀河の音」。それは宇宙からあなた個人に発せられたメッセージを解く極めて大切なものなのです。

「銀河の音」が意味することと今の自分

「自分の銀河の音がわかり、本来の自分を知ったけれども、現在の自分の状態とはまったく違う」という場合があるはずです。「今の自分のしている仕事は、銀河の音の意味からみると、かけ離れているのではないか」と感じる人も少なくないでしょう。

そういう場合、どのように考えればいいのでしょうか。

実は、最初から、「銀河の音」の意味を実現すべく〝最短距離〟を進む人はめったにいないのです。

ですから、あなたがたとえ今の時点で、「銀河の音」の意味を実現できていなくても、何ら焦る必要はないのです。

歴史上の人物といえども、最初から「銀河の音」の意味を実現できた人は稀《まれ》です。最終的に目的地に到達し、生きる意味を開花させれば、それで十分なのです。

とはいえ、あなたの「銀河の音」の内容と、現在の自分が大きく違う理由は知っておいたほうがいいでしょう。それを説明しておきましょう。

「銀河の音」が人生の目的地なのですが、生きていくときには、様々な「選択」をしなければいけません。

それは、1人1人の自由意志にゆだねられています。

自らが自由意志で選択し、決定するときは、残念ながら誤った選択をしてしまうことも起きてしまいます。

その結果は、自らが受けなくてはいけません。しかし、それが1人1人の魂の学びの過程であり、意識の進化のプロセスなのです。

その意味で、私たちの人生は「実験の場」ともいえるでしょう。

この「実験の場」では、自由意志の「誤用」により、意味が正反対になってしまうことは避けられません。

それによって、回り道となってしまうことも起きてきます。これが、「銀河の音」の意味（本来の自分）と現実の自分の〝距離〞を生じさせる原因になります。

しかし、それも学びの1つであることを知っておきましょう。

そもそも、宇宙は、光と闇とで成り立っています。つまり、闇を経験して光を知るという部分が避けられない相対的な世界なのです。言い換えれば、無知を通過しながら知へと向かう過程が、私たちの生そのものといえるでしょう。

それこそが宇宙の「創造的進化」の出来事です。私たちも宇宙の一員である以上、創造的進化の道を歩まなければならないのです。

「マヤ日記」をつければシンクロニシティの不思議さがわかる

「銀河の音」の意味は、日記をつけることによってとらえやすくなります。

その日、どんな出来事があったか、心の動きはどうだったか。それを日記につけ、自分の「銀河の音」の意味と照らし合わせてみるのです。

すると、その日の出来事や人との出会いがどんな意味をもつのか、シンクロニシティの不思議さがわかるようになり、「気づき」がそこに生まれます。

それこそが、宇宙からあなたへのメッセージなのです。

日記をつけ始めたら、13日ごとに振り返ってみましょう。あるときの13日間と、別なときの13日間ではまったく違うこともあります。「銀河の音」の意味を考えながら、13日間を振り返ると、マヤにおける時間と心の世界の関係性が鮮明に理解できるようになります。

真剣に生きている人ほど、あるいは何らかの試練の中にある人ほど、「銀河の音」の意味が鮮明に出てきます。

「ここで種をまいたことが、ここで実った」とか、「ここで始まったことが、ここで結論が出た」などなど。

3ヵ月も続けてみると、大体シンクロとはどのようなものかが理解でき、3年ぐらいたつと「時の達人」となっているかもしれません。時の達人になったあなたは、未来の予測さえ可能となってきます。

日記をつければ気づきとシンクロがもたらされる

日記のつけ方のコツは、まず、その日の出来事や感じたことを3~5行程度、書きます。そのとき、後からその日のことを思い出せるようにポイントを書いておくことが大切です。

たとえば、音6のAさんと意見が合わず、喧嘩《けんか》別れをした。音信不通だった音8のBさんから5年ぶりに電話があった、などです。

日記づけで大事なことは、13日間の流れの中でとらえることです。

13日が終わったら何が起こったかを振り返ってみましょう。自分自身が宇宙から見て、どのような位置に立っているかを考えてみましょう。

13日間の流れをとらえることができるようになると、宇宙の時間の流れを自分のこととして、しっかり把握できるようになります。

13日間で自分の中に何か新しいものが誕生するのかもしれません。あるいは、鍛錬、試練が始まるのかもしれません。

それらが、どんな変化となっていくのかを見守り、あるときは積極的に変化の動きを起こしていきましょう。

自分自身をしっかり見つめられるようになると、宇宙や自然界に満ちているエネルギーを自分の中に導き入れられるようになり、宇宙からのサポートも受けられます。人間関係がよりスムーズになり、もっと人を愛し、大切にできるようにもなれるでしょう。

自己が解放され、生き方も変わり、楽になり、より充実した人生を手に入れることができるようになります。

ただし、本書はプロローグでも述べたように、あくまでも「マヤ暦の入門書」。日記の具体的なつけ方とその効果、驚くべきシンクロのことまでは紹介しきれません。

とりあえず本書では、あなたに気づきとシンクロをもたらす「マヤ日記」というものがあることを知っておいてください。

「銀河の音」と楽器のユニークな関係

オーケストラは、実に様々な楽器から編成されています。

それぞれの楽器は、楽器ごとの音色の聴かせどころをもっていますが、オーケストラでは、他の楽器の音色とも溶け合い、ハーモニーを奏でながら、全体として1つの音色に向かっているように思えるところが、魅力でもあります。

オーケストラ全体が1つの楽器ともいえるでしょう。

楽器も種類によって音域や音色も様々なように、人間の性格も十人十色です。

しかし、おもしろいことに、楽器の性質や音色は、人間の性格にたとえられる場合もあるのです。

また、オーケストラを構成するときは、楽器の1つひとつが、それぞれ固有の音色をもちながら全体に溶け込み調和的関係にならなければいけないことは、個々人の集まりが形成している人間社会そのものといえるでしょう。

次章では、「銀河の音の特徴」をよりわかりやすく説明するために、それぞれの性格をあえて「楽器」にあてはめて紹介しました。

楽器の特徴的な音色や性質が、いかに銀河の音の性格特性に似通っているかに、あるいは逆に、銀河の音の特徴が、いかに楽器の特徴にかぶっているかに驚かれると思います。

通常とは異なる「楽器」の視点から、自分の性格特徴を眺めてみるのも、何か今までとは違った新しい気づきが、あなたにもたらされるかもしれません。

2

「13の音」が示す特徴と性格
シンクロを引き寄せるキーワード

この章では、「13の銀河の音」のそれぞれの特徴と性格、それぞれの音がシンクロを引き寄せるキーワード、また、楽器でたとえるとすればどんな楽器に似ているかということを「音1」から順次見ていきましょう。

音1

特徴

人を惹《ひ》きつける魅力のもち主。どんな人も分け隔てしないで公平・平等に立てる人。「引き寄せの法則」の典型的タイプ。

音1の基本的性格

数字の1は分けることができないので、どんな人に対しても分け隔てをしないで、公平、平等な立場に立てる人です。先頭に立つリーダータイプでもあります。

また、1は始まりの数字。そのため何色にも染まる白さをもっており、周りに合わせていくことができる柔軟性と協調性があります。音1が独断的にならないためには、相手や周りの反応を見る習慣をつけておくとよいでしょう。

音1の大きな特徴は、人を惹きつける能力があることです。代表的な人は、巨人軍の原辰徳監督。巨人が低迷しているときや、WBC（ワールド・ベースボール・クラシック）の監督選びが暗礁に乗り上げていたときに登場するなど、問題解決に大きな手腕を発揮しました。原監督は、誰とでもうまくやっていける人です。音1はそもそもそういうタイプなのです。

音1の人のもう1つの特徴は、「引き寄せの法則」に共鳴しやすいことです。自分の思ったことが引き寄せられるという特性をもっています。しかし、引き寄せられるものが、自分にとってすべて好ましいものとは限りません。嫌なもの、望まないものが引き寄せられることもあります。それを受け入れられない場合は、ストレスになったり、葛藤が生まれます。

しかし、音1の人はもともと好き嫌いを言ってはいけない人なのです。マラソンの小出監督は音1の人で、高橋尚子、有森裕子さんたちを育てました。小出監督の偉いところは、好き嫌いで指導しないことです。Qちゃんが好きで育てたのではありません。地域で優勝し、次いで全国のトップを目指す構想を描いて、着実に選手の育成に力を注ぎます。これが音1の典型で、誰に対しても普遍性をもっているのです。

音1の楽器はティンパニ

太鼓の一種ティンパニは鍋型の胴体に被膜を張り、バチでたたきます。静かなときにはかすかな響きを出し、あるときは激しいまでの連弾も見せます。はっきりと表現された音程は聴く人を魅了し、音1のように人を惹きつけます。

シンクロを引き寄せるキーワード……「受容」

音1のシンクロを引き寄せるキーワードは、受容です。音1は心に思い描いたことが、そのまま引き寄せられます。良いことを思い描くと、引き寄せの法則が一層共鳴しやすくなります。

そのとき大切なのは好き嫌いで物事を判断しないこと。好き嫌いをはっきり出さないで受け入れることです。受容することによってシンクロが起きやすくなります。

【音1の著名人】

佐藤浩市、小池栄子、山城新伍、ペ・ヨンジュン、氷川きよし、アグネス・チャン、小出監督、原辰徳監督、有森裕子、小池百合子、小柳ルミ子、鈴木宗男など。

音2

特徴

パワーが強く、突撃し続ける人生。「葛藤」「迷い」が宿命。それを乗り越えることで力を発揮。良きライバルが自分を磨いてくれる。

音2の基本的性格

音2の人はパワーが強く、突撃し続ける人生を歩みますが、目標や挑戦するものを失うとパワーもなくなります。

この音の人の特徴は、意志が強く努力を惜しみません。1つの壁を越えても、また次の壁がやってきますが、もち前の気力で乗り越えていきます。この不屈の精神が、さらにエネルギーを高めます。

このような音2の人からすると、周りは何も努力していないように映ります。「自分は、こんなに頑張っているのに」と、つい不平不満が芽生えたりします。それをストレートに表現してしまうと、人間関係がこじれることにもなりかねません。

音2にとって、気をつけなければいけないのは「我」を出さないこと。音2の人がリーダーになってマイナス面が出ると、ワンマンになりやすく、イエスマンしか残らなくなります。好き嫌いが激しいので、意見が合わないとすぐに切ってしまうところがあります。音2のコムスンの折口元会長は、ワンマンでその典型でした。

人間は大きく分けると2つのタイプがあります。1つは自分から主体的に行動するタイプと、もう1つは人の行動に反応（反射）して行動様式を組み立てていくタイプです。

音2の人は誰か対峙する人がいて、存在位置が現れてくるタイプ。その意味では、音2にとってライバルや目標とする人は、とても大切な存在となります。

音2は月のようなもの。月は発光体ではなく、太陽の光に照らされて輝いています。2の本質は、自分から始まっているのではないのです。しかし、対峙するものがあると、俄然輝き始め、力が出てきます。そのパワーは強く、一直線に挑戦していきます。

言葉を換えると、音2の人は、緊張状態の中でいい仕事をするといえるでしょう。自己との闘いや葛藤、迷いは避けて通れませんが、その中で力を発揮していくタイプです。したがって、適度なリラックスの場、リフレッシュの機会が欠かせません。

音2の人の禁句は批判です。批判はマイナスの要素になります。批判の逆は感謝です。音2が感謝の念をもつようになると、周りの人はもっと応援したくなります。

音2の楽器はトランペット

オーケストラや吹奏楽の花形楽器として用いられているトランペット。ギリシャ、ローマの時代から行進につけの楽器として用いられていました。その華やかで明るい、明確な音色はパワーの強い音2にふさわしい楽器です。

シンクロを引き寄せるキーワード……「チャレンジ」

音2のシンクロを引き寄せるキーワードは、チャレンジです。挑戦することで、シンクロが起きやすくなります。守りや受け身はシンクロを遠ざけます。

【音2の著名人】

橋下徹、中島みゆき、浜崎あゆみ、田中康夫、松山千春、福山雅治、ベッカム、松本人志、米倉涼子など。

音3

特徴

奉仕の心をもつ、つなぎ役。対象に立つタイプ。堅実で安定感がある。極端に走ると致命傷に。共鳴者の存在が豊かな人生のカギ。

音3の基本的性格

音3は、奉仕の心をもったつなぎ役。

会社や職場などで何かを共同で進めようとするとき、立場や役割によって視点が異なり、行き違いも起こりやすくなりがちですが、行き違いを修正したり、話し合いの機会をつくったりするのが、つなぎ役の役目です。

音3は、この世界、宇宙のすべてはもともとつながっていて、互いに影響し合っているという考え方のもち主で人とのつなぎ役、人と人とを橋渡しすることに長《た》けています。

また、対象格（合わせる側、合わせるタイプ）に立ちやすいのが音3の人です。3の人は、指導者についたり、組織内などに所属するほうが力の出るタイプで、独立独歩になったり、1人でやろうとすると苦労します。

その良い例がマラソンの高橋尚子さんです。音3の高橋さんは、小出監督の元にいたほうが成績を残しました。

お笑い芸人の陣内智則さんとの結婚で話題となった藤原紀香さんは音3ですが、親善大使として国と国をつなぐ役目は音3の生き方です。天職ともいえるため、仕事優先にならざるを得ません。そのために亀裂が生じたといえるかもしれません。

一方、音3の西郷隆盛は「敬天愛人思想」で知られるように、いつも天の前に対象に立つことを意識していました。

対象格ということで、音3は参謀的な人ともいえます。参謀ができる人はトップにもなれます。参謀の立場が理解できる音3の人がトップに立つと、安定・安心感のある指導者になります。

音3の人にとって共鳴者（音3、8、13の人）は大切な存在です。共鳴者がいると音3の人は力が出ます。音3にとって共鳴者は、人生が豊かになるかどうかのカギを握っているといってもいいでしょう。

音3の楽器はマリンバ

美しく柔らかい音色をもつ打楽器の華、マリンバ。鍵盤の下部には各音階によって長さを変えた共鳴用の金属管が設けられていて、この共鳴管が豊かで美しい音色を生み出します。共鳴者がいるとさらに輝きを増す音3の人にどこか共通しています。

シンクロを引き寄せるキーワード……「未知体験」

音3のシンクロを引き寄せるキーワードは、未知体験です。「百聞は一見に如《し》かず」といいますが、他人の話を何度聞くよりも、一度実際に自分の目で見るほうがよくわかるものです。

それと同じで、伝聞よりも自分の実体験が、それまでの常識をくつがえすほどの衝撃があります。これを経験すると、シンクロが起きてきます。日常の中でいつも好奇心を忘れずにいると視野が広がり、未知体験のチャンスが巡ってきます。

【音3の著名人】

西郷隆盛、桑田真澄、間寛平、明石家さんま、チェ・ジウなど。

音4

特徴

見えないところで研鑽《けんさん》に努める職人タイプ。発想、ひらめきが豊か。玄人《くろうと》はだしの人が多い。プライドが高く孤立しやすい一面も。

音4の基本的性格

音4の人はまさしく職人的な生き方がぴったりです。プロ野球のイチロー選手が音4と聞けば、誰でも納得することでしょう。4は「四点」を表し、安心感、安定感も意味します。

SMAPの草彅剛《くさなぎつよし》さんも音4です。韓国人に扮《ふん》したときの彼の韓国語のレベルは、韓国人に間違えられるほどでした。アカデミー賞外国語映画賞を受賞した「おくりびと」の主演男優・本木雅弘さんも、実際に葬儀屋に勤めて所作を体得したほどの熱の入れようです。

音4は玄人はだしで、何事でも微妙な違いを見分けられる鋭い感性のもち主が多いようです。

また、音4の人は、探究心にあふれ、内面を掘り下げる資質に富んでいます。夜の時間も惜しんで勉学、探究に励みます。

イメージ的には、夜活動する「ふくろう」的タイプといえるでしょう。人目につかないところでどれくらい努力するかによって、仕事、成功、人生などが決まってきます。イチロー選手の活躍も、見えない部分で研鑽《けんさん》に努めているからです。

音4はプライドが高い一面をもっているので、いい加減な人を見ると見下しやすい傾向があります。

そのため、孤立しやすくなるので要注意です。時には、こだわりを捨てる、「他人を認める」ことも必要。

音4の成長のポイントは、「気づき」があるかどうかです。気づきのきっかけは、身の周りにあふれています。

この気づきは、テレビ番組や新聞、雑誌の情報の中に隠れているかもしれません。何気ない友人の言葉の中にあるかもしれません。

それに気づけるかどうかは、日常生活の積み重ね、自分自身の生きてきた過程によります。

音4の楽器はクラリネット

クラリネットはオーケストラだけでなく吹奏楽、ジャズの分野でも活躍し、高音域から低音域まで安定的に音が出せます。

音色はあたたかく柔らかいのが特徴。その音域の広さと表現力の豊かさ、安定感は、玄人はだしの音4タイプにぴったり。

シンクロを引き寄せるキーワード……「探究」

音4のシンクロを引き寄せるキーワードは、探究です。

いろいろなものに手を出すより、1つのことを深く掘り下げていったほうが、シンクロを起こしやすくなります。

【音4の著名人】

麻生太郎、イチロー、草彅剛、本木雅弘、大久保利通、星野仙一、香取慎吾など。

音5

特徴

底力を秘めている。集団の中で訓練される組織向きタイプ。ふだんはのんびりだが、やることが決まったらスイッチがONになる。

音5の基本的性格

音5の人は底力を秘めています。阪神の金本知憲選手がその代表です。昔から「火事場のばか力」という言葉があるように、人間にはいざというときの底力が備わっています。5の人は、とりわけこの潜在的能力は大きいものがあります。

しかし、仕事や家庭などでピンチに陥ったときに底力を十分発揮できるかどうかは、性格や特性、行動パターンなどが大きく影響してきます。

音5の人は、控え目で遠慮がちの人が多いようです。ふだんスイッチはOFFになっていてのんびりしています。自分の興味のあることに意識が向き、1人でいることも苦痛ではありません。孤独な作業もいやではなく、物事を徹底的に考えることこそ刺激があり、活力に満ちていると思っています。

しかし、ひとたび心の炎に点火されるとスイッチONになり、俄然張り切って倍の力を発揮します。目標や役割がはっきりし、やると決めたら積極的、行動的になるタイプ。ONとOFFの差が激しいのが、音5の特徴です。

音5の人にとっては、仕事の成功でも人生の幅を広げるうえでも積極性はとりわけ大切な要件です。日頃から積極性を身につけるようにすると、〝鬼に金棒〟です。

環境条件も大切で、音5の人は周りの人から触発されて目が覚めることも、たびたびあります。底力を発揮させてくれる人間がいると、一層恵まれます。

この音の人は、命令されたことは忠実にこなすタイプ。

仕事に忠実で、上役の命令にもよく従い、経営者や管理職などからは期待される人材で、特に陰日向《ひなた》なく忠実に猪突猛進で遂行する人は、〝偉大なるイエスマン〟と呼ばれて重宝がられます。

偉大なるイエスマンになるには、周りの圧力に屈しない強い意志力と、命令を確実に実行する能力や一途さが備わっていることが前提。音5の人はその可能性を多分に秘めています。

音5の楽器はトロンボーン

トロンボーンはU字型の2つの管を組み合わせた楽器で、スライド式の管を伸ばしたり縮めたりして音程を変え演奏します。

ハーモニーが美しく、微妙な半音の違いも出せるトロンボーンの潜在的能力は、音5が秘める無限の底力をうかがわせます。

シンクロを引き寄せるキーワード……「目標設定」

音5の人のシンクロを引き寄せるキーワードは、目標設定です。もともと底力があるので、高めに目標設定することが必要です。

ハードルを高くして、自分を追い込むことで能力が引き出されると同時に、シンクロも起きやすくなります。

【音5の著名人】

カルロス・ゴーン、奥田碩、張富士夫、鳩山邦夫、平原綾香、三木谷浩史、久米宏、潮田玲子、小渕恵三、役所広司、みのもんた、工藤静香、江川卓など。

音6

特徴

対等・平等を信念とするマイペース型。拘束されることを嫌う。危機的状況や連係プレーのときこそ価値を発揮。

音6の基本的性格

周囲に惑わされない、自分に合ったやり方をするマイペース型です。そのためわがまま、自分勝手などと見られることもあります。

「継続は力なり」の言葉があてはまり、結果を焦らず、日頃から倦《う》まず弛《たゆ》まず、地道に努力を積み重ねると、良い方向に向かうでしょう。

音6の人は、周りの状況に左右されないので、頼もしい存在です。信頼感を得て、調和と融合をもたらします。みんながパニックになっても、6の人は冷静でいられるので、危機的な状況や連係プレーが必要なときは、存在感が増します。

大きな組織に6の人がいると安定します。存在感のあるピアノがほかの楽器と調和すると全体の統一がとれるのと、よく似ています。

音6の人の根底には、冷静沈着な判断力があります。何があってもおろおろしない、腹のすわった動じない人です。対応能力に長《た》けていて、どんな状況でも動揺せず、うまくバランスがとれます。その安定感、心の強さが周りを安心させ、信頼を勝ち得ていきます。

一方、人をあまり近寄らせない面もみられ、べたべたしたり、密着するのがあまり好きではありません。一定の距離を保ち、等距離外交をしようとします。「ゴーイング・マイウェイ」、「我関せず」という生き方です。

これは、「自分の世界」を保持し、人のことはあまり関知したくない、自分の世界、自分のしたいことを守りたいということからくるのですが、そのために「冷たい人」と受け取られたり、物足りなく思われたりします。

従って、6の人は評論家的、客観的になりすぎないように気をつけることが大切。意見が合わないのに無理して協調する必要はありませんが、「思い」だけでも共有し、配慮や気配りを心がけると単なる個人主義者に陥らないようになるでしょう。

音6の楽器はピアノ

大ホールでも響きわたる、きらびやかな音色をもつピアノは楽器の王様とも呼ばれ、音域や音量の幅、用途の幅広さなどが際立っています。危機的状況や連係プレーが必要なとき価値を発揮する音6タイプは、ピアノの存在感に似ています

シンクロを引き寄せるキーワード……「超常識」

音6のシンクロを引き寄せるキーワードは、超常識です。音6は根本的に動じない人です。しかし、動じないばかりでいると次のステージにステップアップできません。そこで目覚めるための動揺、ハプニングが必要になります。

動揺を起こすきっかけが、「超常識」です。常識では考えられない、思いも寄らない事態が目の前に起こることによって初めて心が揺さぶられ、目覚めます。

【音6の著名人】

本田美奈子、山崎豊子、安倍晋三、田中真紀子、福田赳夫、石原裕次郎、赤塚不二夫、工藤公康、中山秀征、落合博満など。

音7

特徴

神秘的な性格。自分自身も周りも理解しがたいところがあり自分探しをする人。調整能力が抜群。情報収集能力に長《た》ける。

音7の基本的性格

足して14になる数字は補完（対峙）関係を表します。7の反対は7で、自分の中に「反対の自分」がいることになり、自分でも自分がわからない不可解さ、矛盾する部分があります。そこから生まれる謎めいた性格、神秘的な傾向が音7の最大の特徴です。そこで、「自分探し」が始まります。宗教的、哲学的なものに惹《ひ》かれ、仕事も基本的には自分を知るためにやっているところがあります。

音7の人は、情報に敏感で、常にアンテナを張っていて、情報を素早く入手する収集能力に長けています。しかし、情報がすべて正しいとは限らないので、鵜呑《うの》みにせず、玉石混交の中からいかに有用な情報を見極めるかが大事です。

一方で7の人は、人の意見に左右されたり、ああでもないこうでもないと論議を楽しむところがあります。考えが広がりやすい傾向があるので、派生、分散させないで絞り込み、思い込むことが大切です。実際に、そのほうがいい結果が出ます。

一般に「思い込み」は良くない意味に使われますが、音7の人は、思い込んだ通りの反応を示す驚くほどの力をもっています。ですから良い意味で思い込みの力を使うといいでしょう。思い込むと、エネルギーが集中されるので思ったことが引き寄せられ、思い通りの現実が創造されやすくなるのです。

また7の人は、1から13の数字の真ん中に位置します。そのためバランス感覚があり、調節役になります。中庸の精神のもち主で、偏ることが嫌いです。人を援助することを好み、協力関係を大事にします。頼まれると、NOと言えません。

人の機微に敏感で気配りに長けています。自分の感情は抑えがちで、人から認めてもらいたいという欲求が強いところがあります。

音7の楽器はオーボエ

オーケストラのステージ・チューニングの際、音合わせの基準となるのが、オーボエです。「7」の数字は1から13までの真ん中、基準を表します。甘く物悲しい旋律を奏で、神秘性を秘めたオーボエの音色は、神秘的な音7の性格にも通じています。

シンクロを引き寄せるキーワード……「フォーカス」

音7の人のシンクロを引き寄せるキーワードは、フォーカスです。私たちは日頃、目に見える現象に振り回され、逆境に置かれると大きな壁がたちはだかっているように見えます。

しかし、見方を変えると、困難の中にも幸運の芽がひそんでいることがわかるようになります。そのカギを握っているのが、「何に意識をフォーカスするか」です。

逆境の中でも、隠れている教訓にフォーカスできれば、目の前の現実に心を奪われることなく、忍耐心をもって積極的に行動できます。逆境に萎《な》えるどころか、かえって力が湧きます。そういうときにシンクロも起きやすくなります。

【音7の著名人】

野村克也、渡辺恒雄、孫正義、向井亜紀、菊川怜、和田アキ子、研ナオコなど。

音8

特徴

調和とバランスを愛する。面倒見がよく、世話焼きタイプ。共鳴現象が人生を左右する。

音8の基本的性格

音8の人は調和とバランスを求めています。そのため自己の責任で他人とのバランスが崩れると、非常に心を痛めます。つまり、人間関係を極めて大切にするヒューマニストといえるでしょう。

他人の力をあてにせず、もち前の精神力で困難を乗り越えていけます。

自分の考えを強調しすぎると、結果的に孤独になったり、周りから浮いた存在になってしまうことにもなりかねません。

ですから、〝実るほど頭を垂れる稲穂かな〟の格言のように、生きることが大切でしょう。

一方、音8の人は、はっきりした物言いの言葉をよく使います。結果的に断定的な言い方になってしまうと、高圧的、一方的だと受け取られて相手の気分を害しやすくなります。できるだけなめらかな言い方を心がけると、コミュニケーションにも波風が立たなくなります。

音8の人は相手を包み込む母性的なところがあり、細かいことによく気がつき、面倒見がよく、世話焼きタイプです。したがって、会社や組織などトップによく見られます。

また、トップの能力だけでは運営できない場合、トップを補佐する存在が重要になります。社長を補佐するしっかりした専務や常務がいる会社は順調に業績を伸ばす例が多いように、補佐役という役割は一番難しく、重要なポジションであることがわかります。この補佐役にも対応できるハイブリッドな機能をもったのが、音8の人なのです。調和やバランスに人一倍気を使う面が、すべてをスムーズにします。

音8の楽器はハープ

歴史的に最も古い楽器ハープ。存在感を漂わせ、美しい重層感のあるフォルムは、楽器の女王と呼ばれるにふさわしい魅力を放ちます。高貴でしなやかな音色は、調和とバランスを重んじる音8にピッタリといえるでしょう。

シンクロを引き寄せるキーワード……「フォロー」

音8のシンクロを引き寄せるキーワードは、フォローです。鋭角的な音8の人は、我慢できなくて強く言うことがあり、余計な葛藤が生じやすくなります。

しかし、フォロー的なニュアンスで言ったり、相手を柔らかく包み込むことを心がけると、ソフトで鈍角的な対応になり、対人関係もスムーズにいきます。

自分を見つめて自分が変わるのではなく、相手に対してどうするかということで自分も変わるのが、音8の特徴です。接し方を修正し、フォロー的な意識でいくことによって葛藤が抑えられ、シンクロも起きやすくなるでしょう。

【音8の著名人】

東ちづる、松任谷由美、堺屋太一、安田成美、浅田次郎、宮里藍、草野仁、中田英寿、ヒラリー・クリントンなど。

音9

特徴

明るくパワフルでくよくよしない。人を元気づける役目がある。躍動感があるものに関心が向く。

音9の基本的性格

音9の人は、明るく、パワフルで何事にもくよくよしないタイプ。人に好かれやすく、広く浅くいろいろな人とつき合いができます。物事をあまり深刻に考えることはありません。落ち込んでいる人を見ると、元気づけたくなるはずです。

その典型例が島田紳助さんです。ふだんもよくしゃべる人で、しかも頭の回転が早いし、話のネタも豊富。〝毒気〟もあり、テレビでの人気は周知の通り。無名の新人も島田さんにかかるとすぐに売れっ子になるほどで、斬新な発想と抜群の行動力は芸能界の中でもひときわ目立っています。

音9の人は集中力もあって、物事に一心に取り組みます。自分の好きなこと、関心がある自分の興味の対象に対しては、真剣にひたすら情熱を傾けますが、関心がないことは心の中に入ってきません。逆に集中すると、その世界に入り込んで、ときどき周りが見えなくなったりします。

プロ野球の長嶋茂雄さんが、その典型。選手時代、審判の判定に不服があって、その思いにとらわれて、自宅に戻ったとき子供の一茂を球場に置き忘れていたことに気づいたというエピソードがあります。また、人の話をよく聞かないところがあります。そもそも人の話を聞かないのは、関心がないからです。関心がないものは、たとえ耳に入っても抜けてしまい心には残りません。

音9の人は、心が躍動するものに共鳴しやすい傾向があり、いつも心の中に「ワクワク、ドキドキ」を求めています。長嶋さんのプレースタイルはいつもワクワクドキドキ感があり、その一挙手一投足に日本中の国民が元気づけられたものです。

音9の楽器はピッコロ

ピッコロは、オーケストラの楽器の中では音域が最も高く、透明感のあるすっきりした音色を出します。そのため楽曲のフィナーレなどの盛り上がりを際立たせるために用いられます。パワフルで明るい音9の特徴をよく表しています。

シンクロを引き寄せるキーワード……「傾聴」

音9のシンクロを引き寄せるキーワードは、傾聴です。傾聴には、①視野、価値観の幅が広がる。②人間関係が深まる。③様々な知識や情報が得られる。④コミュニケーション能力が高まる。⑤人脈が広がる。⑥「相手の気持ち」「相手の立場」に立って思考・行動ができるようになる。⑦自分のことをもっとよく知ることができる、などのメリットがあります。

これらのメリットを受けることによって、目に見えないところで今までにない環境変化が起こり、シンクロが引き寄せられるようになります。

【音9の著名人】

吉田茂、島田紳助、唐沢寿明、北島康介、小泉孝太郎、木佐彩子、世界のナベアツ、竹中平蔵、桑田佳祐、川淵三郎など。

音10

特徴

のんびり型で大らか。プロデュース能力に長《た》け、縁の下の力もち的存在。土台をしっかりつくる。板ばさみをバネに成長。

音10の基本的性格

縁の下の力もち、プロデュース的な能力のもち主です。自分が能力を発揮するよりも、人の能力を発揮させます。代表的なのが、プロ野球の元ヤクルト監督、古田敦也さん。彼は、捕手としても監督としても選手の能力を思う存分、発揮させました。

音10は人格的な人が多く、板ばさみになりやすいのですが、この苦境がその人のエネルギーを高めるところがあります。古田さんはプロ野球界の選手会会長としてオーナー会議との板ばさみに遭いましたが、それによって評価を得ました。

人材教育、人づくりは最高のプロデュースといえるでしょう。

音10の人は育成能力が高く、人づくりに向いています。大相撲の貴乃花は、音10の人。お兄さんに比べると地味系ですが、現在、親方として地道に後進の指導にあたっています。教育で大きな足跡を残した福澤諭吉も音10です。

器用さももち合わせ、土台をしっかりつくるタイプで、常に必要とされる人です。どちらかというと受け身型なので、積極的に取り組んでバランスをとることも必要でしょう。

のんびり型で大らかな面もあり、鷹揚《おうよう》としています。そのため、スピーディーな人からすれば、音10の人にはいら立ちを感じるかもしれません。

音10の人は、誰かがひらめいたアイデアを形にするのが得意です。音4の人と比較するとわかりやすいでしょう。

梶原一騎（音4）がアイデアを出し、それを漫画の形にしたのは、ちばてつや（音10）です。「巨人の星」だったら川崎のぼるです。

漫画のアイデアをつくるのと、それを漫画の形にするのは役割が別です。手塚治虫も音10の人で、漫画を自分でプロデュースしました。

おもしろいところでは、東横インの西田元社長。支配人をはじめホテル内はすべて女性だけに任せるというホテルチェーンを全国展開しました。

音10の楽器はチェロ

オーケストラでは中低音を担当するチェロは、美しくて深い音色で低音を響かせます。低い音を出すために全体が大きく、厚みが増しています。その大きさと重さは、まさに縁の下の力もち的存在である音10を連想させてくれます

シンクロを引き寄せるキーワード……「調整」

音10のシンクロを引き寄せるキーワードは、調整です。調整とは、それぞれ違った思い、行動パターンをもった人などを共通の目的や行動に向かわせていくことです。特に利害の衝突を調整することほど骨の折れるものはありません。かなりのパワーやエネルギーが必要で、いろいろな面での能力も求められます。また、調整のために自らが行動を起こすことも必要となります。調整役の立場で苦慮し、苦労することによって音10のエネルギーが高められ、シンクロも起きやすくなります。

【音10の著名人】

小椋佳、稲盛和夫、阿久悠、高市早苗、なかにし礼、石原伸晃、タイガー・ウッズなど。

音11

特徴

強いエネルギーのもち主。

独自性が強く、人の真似が嫌い。頑固な一面も。

音11の基本的性格

音11の人は、小泉純一郎元首相のように、自分のスタイルとスタンスを崩さないのが特徴。誰が何といおうと変わらない頑固さをもっているのです。

また、強いエネルギーのもち主。このエネルギーが内部に閉じ込められると葛藤を生じるので、外に向けて発散されます。スポーツ関係者に音11が多いのは、発散がスポーツに向けられるからです。独立心が旺盛で、他人の真似が嫌いという人が多く、オリジナル性が好きなタイプです。

音11の行くべき方向性、生き方にはいくつかのポイントがあります。

第1のポイントは、タイミングの取り方です。後述するように11は楽器で言えばシンバル。タイミング悪くたたくと演奏がぶち壊しになります。タイミングの取り方が極めて大切。タイミングがいいと、人生もメリハリが利いてスムーズに運びます。

第2のポイントは、開き直り。窮地に陥ったときは、あわてず焦らずどっしり構えることが必要。そのためには「為すべきことは必ず為す」「人事を尽くして天命を待つ」という主義に徹することです。

そうすればいつか窮地も脱し、道が開けてきます。

「人事を尽くす」とは、できることを100%やり切ることで、「天命を待つ」とは、やり切った後の結果に関してはどのようになっても受け入れる覚悟をすること、天に委ねることです。結果は天のみぞ知るで、起こることをすべて信頼しましょう。

小泉元首相は、郵政民営化が暗礁に乗り上げたとき、郵政解散に打って出て見事に窮地を乗り越えました。

一方、若乃花・貴乃花兄弟の母、藤田憲子さん（音11）は二子山部屋も相撲界までもぶっ壊しそうな勢いでしたが、行き詰まりました。大きなことを成そうとするとき、あるいはトラブルが起こったとき、音11の人は、開き直りや「後は天に任せる」という態度が必要となります。

音11の楽器はシンバル

シンバルは小さな音から、一打でオーケストラ全体をも制するほどの大きな音まで出せます。うまく使えば効果的。下手をすると一発でオーケストラ全体のリズム、流れを破壊します。強いエネルギーのもち主である音11の特徴をよく表しています。

シンクロを引き寄せるキーワード……「初志貫徹」

音11のシンクロを引き寄せるキーワードは、初志貫徹です。志とは、人生を貫く「方向」とか「目的」のこと。初志貫徹は、初めに思い立った志を、くじけずに最後まで貫き通すことです。心に思い決めた目的や目標は、天命といってもいいものです。「至誠天に通ず」。自分の目標を揺るぎなく定め、ひたすら精進し、ベストを尽くすことによって、シンクロが起こりやすくなるでしょう。

【音11の著名人】

松坂大輔、斎藤佑樹、清原和博、ジーコ、オシム、角川春樹、大橋巨泉、三笑亭夢之助、小泉純一郎、窪塚洋介、篠原ともえ、山崎浩子、藤田憲（紀）子など。

音12

特徴

面倒見が良く、人が集まるタイプ。センス抜群、芸術的分野で活躍も。問題解決能力に秀でる。良き理解者に恵まれると成功する。

音12の基本的性格

音12の人は単独行動より、誰かと行動を共にするほうがうまくいきます。この音の人にとって大切なのは、協力者の存在です。田中角栄元首相が代表的人物。面倒見が非常に良く、周りに人が集まってきました。官僚を協力者にして、絶大な能力を発揮しました。

同じく音12の映画監督、伊丹十三にとっても、妻であり女優の宮本信子さんが最大の協力者でした。彼の作品は、宮本信子のキャラクターに負うところが非常に大きく、適任な協力者を得ると、音12の人は活躍の場を広げることができます。

反面、寂しがり屋で好き嫌いが激しく、依頼心が強い一面も。強く立ち行くには、自立をしっかり心がけることが大切です。

音12の人は、聞き役や処理係、解決係の役目を負うことが多く、前述した田中元首相の陳情処理能力などは抜群でした。

また、この音の人はセンスのある人が多く、米米クラブの石井竜也さんは、音楽以外の芸術的分野でも活動の場を広げています。

この音の人のつらいところは、人の相談にはいくらでも乗るのですが、いざ自分のこととなると、相談する人がいません。相談ばかりを受けていては身がもちません。日頃から、心の友や人生の師となるパートナーを見つけておくことが必要です。

音12の楽器はホルン

カタツムリのような形をしたホルンは、オーケストラの楽曲には欠かせない楽器で柔らかく深みのある音を出します。

単体では演奏されず、他の木管楽器と組めばバリエーションが広がるところが、単独行動より共同歩調を得意とする音12に通じます。

シンクロを引き寄せるキーワード……「共有」

音12のシンクロを引き寄せるキーワードは、共有です。音12の人は、1人で生きるタイプではありません。

人は悩むことによって成長すると言われます。

確かに悩むことは、人生の中でいい経験になりますが、悩みが深刻であれば1人で悩むことの弊害も出てきます。ノイローゼになって心身の健康を損なったのでは、大変です。

一方、人は自分1人で悩んだり、苦しむよりは一緒に悩み、苦しんでくれる人がいたほうが苦しみが半減するものです。

音12の人は、自分の立場を理解してくれる人、悩みや苦しみを共有してくれる人を見つけると、シンクロが起きやすくなるでしょう。

【音12の著名人】

木村拓哉、稲垣吾郎、小室哲哉、長瀬智也、松居一代、柴咲コウ、中川秀直、渡辺美樹、福田康夫、五十嵐圭など。

音13

特徴

多才で何でも器用にこなすタイプ。集大成の力を秘めている。長期のスパンで結果を出す。文化、学問に精通し気品を好む。

音13の基本的性格

13という数字は「13のサイクル」の最後なので「締め」という役目、「仕上げ」的な意味をもっています

集大成が音13の基本的な性格です。

音13の人は、多才で何でも器用にこなす人。短期決戦型ではなく、長期のスパンで結果を出すじっくり型タイプ。まさに集大成の力を発揮する人です。代表的人物にモーツァルトがいます。

天才作曲家と呼ばれるモーツァルトは3歳でピアノを弾き始め、4歳の頃にはチェンバロを弾いたといいます。5歳ですでに作曲もしています。青年期には父と共に音楽旅行に忙しい日々を送り、25歳という短い生涯を閉じるまで、集大成の力を使って

数多くの名曲を作り出しました。

同じ作曲家であったハイドンは、「この先100年たっても彼のような天才は現れない」と、モーツァルトの早すぎる最期を惜しみました。

音13の人は、肯定的なセルフイメージをもっています。自己肯定的な人は、仕事でも何でも「自分は自信がある」「自分のやっているのは重要なこと」「自分は存在価値がある」と考えるので、モチベーションも高まり、実績や結果をもたらしやすくなります。

たとえ完全な結果を生み出さなくても、「改善すればよい」と前向きにとらえて、その余地を埋めていく努力を重ねるので、能力がさらに向上します。

一方、器用なために、あれこれ手を出したり、いろいろなことに顔を突っ込んだりして、意識や力が分散することもあります。

そのために、かえって迷いが生じてしまう結果に。音13の人にとって、それを打開する方法は、一心不乱に取り組むことです。一心不乱に取り組むことで活路を見出すことができます。

音13の楽器はバイオリン

バイオリンは演奏方法によって様々な音色を出します。優雅で繊細な音が出るかと思うと、歯切れ良く快活な音も、不安そうな音色を出すこともできます。まるで、多才で何でも器用にこなす音13タイプを思い起こさせるかのようです。

シンクロを引き寄せるキーワード……「没頭」

音13のシンクロを引き寄せるキーワードは、没頭です。心を集中し、気を散らさずに1つのことに打ち込んでいるときは無心の状態です。そんな無心のときに、ひらめきはやってきます。

音13の発明家エジソンは、深夜であろうと明け方であろうとお構いなしに研究に没頭しました。

疲れると、ベンチの上や床の上でごろりと横になって仮眠をとり、たいてい1、2時間で起きては、疲れるまで実験を続行したそうです。

そして連日20時間以上、1年以上もかけて実験に没頭した結果、白熱電灯の画期的な発明が生まれたのです。

【音13の著名人】

松下幸之助、宮沢りえ、山本五十六、アインシュタイン、ディズニー、石川遼など。

3

13の音でわかる理想の相性、人間関係

マヤで相性、人間関係の謎が解明

2章では、あなたの基本的な性格、本質を見てきました。この章では相性、人間関係の謎に迫りたいと思います。

マヤを知ればしるほど、あなたは人間関係の「縁」の不思議さに驚くことでしょう。あなたの周りにいる人、仕事で出会った人、結婚相手、ひょんなことから知り合いになった人……すべてに意味があります。

なぜあの人とうまくいかないのか、なぜこんな出会いがあったのか、なぜこの人が自分の上司になったのか、なぜあの人と仕事で組むことになったのか、なぜこの人と結婚したのか……マヤを知れば、こうした人間関係の謎がすべて解明されるのです。

私たちはよく、「相性が合う、合わない」と言います。

相性とは、何かをしようとするとき、相手が自分にとってやりやすいかどうか、組みやすいかどうかということです。俗に、「うまが合う、合わない」とか「波長が合う、合わない」といいます。

実際に、はたから見ても息がぴったり合っていて、「あの組み合わせは、うまくいっている」と思われる関係もあれば、「何となく、しっくりいっていない」と感じるような間柄もあります。

まさに「合うか合わないか」は、相性の大きな部分です。

そして、私たちは、よく「あの人とは相性が良い」とか「あの2人は相性が悪いよね」とか言いますが、本当に「良い相性」「悪い相性」があるのでしょうか。

マヤでは、どうとらえているのでしょうか。

相性、人間関係に関するマヤの考え方

「合う合わない」の相性はあっても、「相性に良い悪いはない」というのが、マヤの見解です。

「何だか相性が悪い」と言ったりしますが、これは相性が「悪い」のではなく、「合

わない」だけです。「合わない」とは、「悪い」ことではなく、ただ波長が合っていない、意気投合していないだけの状態。

相性、人間関係についてのマヤの見解をまとめると、次のようになります。

○相性にはいくつかのタイプがある。
○同じタイプ同士は水と水のように相性が合う状態になりやすい。
○異なるタイプ同士は水と油のように相性が合わない状態になりやすい。
○相性が合うタイプとだけつき合えばよいというものではない。
○自分のもっていないものをもっている人とのつき合いも必要。
○合わない相性を合わせる方法がある。
○合わない人と相性が合えば最高の相性になる。
○人は心を磨き、より良い人生を送り、心を成長させるために生まれてくる。
○相性を合わせる努力（自己修正）を通して心を磨く。
○自己修正できれば、人間関係も良くなり、仕事も順調になる。

マヤでは、自分や相手の本質を深く知ることによって、どんな人ともうまくいくようになる、という考え方なのです。つまり、自分や人を理解することで人間関係がスムーズになり、人生が良くなるというのです。

「音」で簡単に相性、人間関係がわかる

仮に、今あなたが、

「あの人と、なぜこんなにうまが合うのだろう」

「なぜ自分は結婚相手とうまくいかず離婚してしまったのだろう」

「どうしたら、あの苦手な上司とうまくつき合っていけるのか」

などと人間関係で悩んでいたら、マヤは明確な原因、答えを出してくれます。これまで紹介してきた「13の銀河の音」を活用するだけで、現在のあなたの人間関係が手に取るようにわかるのです。


音には、次のような基本原則があります。

○本来合わない「音」というのは、ない。

○「合う合わない」は、考え方次第で変わる。
○音の「我」を出しすぎると、マイナス面が現れる。
○本来の音が機能していないから、相性や人間関係で悩む。
○音を知り、音の方向性に合わさない限り、良い関係にならない。
○音がわかれば、自分の個性がわかる。
○自分の本質がわかって、それを磨けば幸せも成功も手に入れられる。
○現在の自分の音を、本来の音のあり方に戻すのが自己修正。

あなたに成功と幸せをもたらす重要な4つの「音関係」

13の音は、相互に極めて重要な4種類の「音関係」があります。

それは、①「波長が合う、意気投合しやすい音関係」②「補完する音関係」③「連係する音関係」④「倍音関係」の4つが、それです。

この音の相関関係がわかると、複雑に見える相性、人間関係が不思議なことにいとも簡単にわかるようになるのです。４つの関係を見てみましょう。

①「波長が合う、意気投合しやすい音関係」

お互いに感性が似ていて、価値観も同じ、一緒にいると何となく落ち着く、考え方などに共感でき、喜びや悲しみを共有しやすいというのが、「波長が合う」「意気投合しやすい」関係です。

波長が合いやすい音同士は、プラス５の関係で次の通りです。

・音１と６と11
・音２と７と12
・音３と８と13
・音４と９
・音５と10

「波長が合う」というのは、初めて合った瞬間から「うまが合う」という関係。ただし、最初はうまくいっていたが、徐々に合わなくなることもしばしばあります。しかし、この関係は苦労しないで良好な関係をつくることが可能な組み合わせです。なお、同じ音同士も波長が合う関係（7同士は反対になるので合わない場合もある）。

②「補完関係にある音」

足して14になる音同士は、補完関係になります。

音1と13、2と12、3と11、4と10、5と9、6と8です（7と7はときには反発）。

補完関係とは、足りない部分を補い合う関係です。本来はタイプや個性が違う者同士ですが、自分がもっていなくて相手がもっているものに惹《ひ》かれる関係です。良い補完関係ができると、それぞれ2人のカバーできる領域が広がったり、いい仕事ができるようになり、最強のコンビになります。反対にまったく理解し合えなくて、反目し合う関係にもなりやすいでしょう。

③「連係関係にある音」

連係とは、密接な関係をもつことによって、有機的なつながりが形成される結びつきのことです。

たとえば、職場などでは各部署や、上司と部下といった間で、会社の目的のために仕事を分担し合っています。組織間や人間同士の連係がうまくいくと、仕事の能率が高まり、成果が上がります。

これと同じように、音同士も連係関係が形成されます。

連続した音同士（音1と2、音2と3、音3と4、音13と1……など）が、連係関係を築きやすい傾向をもっています。2人でアイデアを出し合えば、1人では到底思いつかなかったことも浮かんでくるといった関係です。

④「倍音関係にある音」

音1と2、音2と4、音3と6、音4と8、音5と10、音6と12のように「2倍数」関係にあるものを、「倍音」といいます。

倍音関係にある音同士がペアを組んだり、一緒に仕事をしたりすると、その音の人は、倍化された力を発揮し、大きな影響力や作用を現します。

以上の音の相関関係をもとに、以下13音の相性、人間関係を見ていきましょう。

音1の相性・人間関係

〈相性・人間関係を良くするために〉

音1はもともと好き嫌いをいわないタイプなので、相手との相性はそれほど気にしません。誰に対しても普遍性をもっています。この普遍性こそ、音1の人の最高のもち味なのです。

木でいえば、幹です。中心の存在であり、そこから枝葉が分かれていきます。誰とでもうまくやっていけるタイプ。悩んだときは、あれこれ考えず人の意見を受け入れたほうがうまくいくでしょう。

音1にとっては、足したら14になる音13の人が「補完関係」になるのでキー・パーソンです。音1は少し不器用なところがあり、これを補ってくれるのが音13になります。

また、数字1は「始源」を意味します。何かをするとき、音1は手足になったり実行部隊を務めることはありません。音1と「連係」プレーの役目を担うのは、音2の人です。

〈事例〉

プロ野球巨人軍の原辰徳監督（音1）と選手会長の阿部慎之助捕手（音2）が連係プレー1、2の関係です。

ちなみに映画の黒澤明監督と俳優勝新太郎は1と13です。かつて映画「影武者」で、名監督と名優のプライドがぶつかり合い、勝新太郎が降板しましたが、うまくいっていれば、逆に凄《すご》い関係になっていたはずです。映画史に残る作品も残せたことでしょう。

マラソンの小出監督と有森裕子さんは音1同士です。同じ音同士だったため、その共鳴効果によって、オリンピックで連続メダル獲得という大きなシンクロ、引き寄せが起こったのでしょう。

音2の相性・人間関係

〈相性・人間関係を良くするために〉

音2の人は、好きなタイプとそうでないタイプがはっきり分かれます。「嫌なものは嫌」と、はっきり主張します。相性がもろに出るのが音2の人です。特に縁が深いのが音12です。

音2は誰か対峙する人がいて存在位置が現れてくるタイプ。音2の人は積極的に自分から動き出すことはありません。ライバルや対峙《たいじ》する人間がいて、音2が存在するという感じです。

音2の人は、エネルギーや元気を与えられる人です。気をつけたいのは「批判」です。批判がすぎると、余計な対抗勢力をつくってしまいます。

この音の橋下徹大阪府知事は強いリーダーシップで高い人気を誇っていますが、橋下さんが、今以上に感謝の念をもつようになると天下無敵の知事になるでしょう。

〈事例〉

音2と音12の関係に音楽プロデューサーの小室哲哉氏（音12）と安室奈美恵さん（音2）がいます。

歌手の安室さんをプロデュースしたのが小室氏で、1996年にはミリオンセラーを連発、若者のファッションリーダーとなり、真似する女性を指した〝アムラー〟（茶髪ロングヘアー・ミニスカート・細眉など）はこの年の流行語にもなりました。

翌年には10代の歌手としては史上初のシングル・アルバム総売上げ2000万枚突破を達成。小室氏がいなければ、現在の「アムロ」はなかったといっても過言ではありません。

音2は、守りに入ったり、受け身になるとエネルギーが弱くなるタイプです。音2の田中康夫氏は、長野県知事時代、知事室を1階に移動して県民に親しまれるガラス張りの行政を目指しましたが、衆目監視の環境の中で、緊張感と疲れでエネルギーを消耗してしまいました。

音3の相性・人間関係

〈相性・人間関係を良くするために〉

音3の人は、2、4とは連係を保ち、8、13とは波長が合い、11の人とは補完関係、6とは倍音関係になります。偏らないオールマイティーな人間関係を築きやすいのが音3です。誰からも好かれやすい、敵をつくりにくいタイプといえます。

マラソン金メダリストの高橋尚子さんがこの音の代表です。誰からも好かれるような行動を取ることが、良い人間関係を築くコツでしょう。

〈事例〉

NHK大河ドラマ『篤姫』の脚本を執筆した脚本家田渕久美子さんと主演女優の宮崎あおいさんが、音3と8で波長の合う組み合わせです。田渕さんは原作を大胆に解釈し、現代風のドラマに仕立て、宮崎さんがそれを見事に演じました。

話題を呼んだ女優の藤原紀香さんとお笑い芸人の陣内智則さんの結婚は、2年で破局を迎えました。

音3の藤原さんは、できる限り陣内さんに合わせようとしたはずです。その藤原さんが別れを決意したのですから、余程のことがあったと思われます。

陣内さんは音10なので、一緒にいる時間を多く望んでいたはずですが、それがかなわなかったことで、スレ違いが生じたのでしょう。

音3の高橋尚子さんは、小出監督（音1）の指導を受けてオリンピックで金メダルを獲得しました。対象の立場にたったときに存在価値を輝かせるのが音3です。前述したように高橋さんは、小出監督の元を離れてから苦難の道を歩むようになりました。

音4の相性・人間関係

〈相性・人間関係を良くするために〉

音4の人はプラス5の関係なので音9と波長が合います。しかし、お友達関係にとどまって深いおつき合いができなくなることがあります。そういうときは、意識的に深いつき合いを心がけると、互いに充実した関係になるでしょう。

音4は、倍音関係から音8の人とベストコンビが組めます。お互いが「予期しない隠れた力」を発揮する関係が築け、相互に惹《ひ》かれ合うようになります。

一方、音4の人は音2の人には苦手感があります。というのは、音2は何事もはっきりさせようとするところがあって、音4の人は決めつけられることに嫌悪感を覚えやすいからです。

音4は専門職タイプで、人間関係でも幅広く浅くつき合うよりも、専門的な人と深くつき合ったほうがいいようです。

音10の人とは補完関係になります。音4の人は発想、ひらめきは豊かですが、それを形にするのが苦手です。形にしてくれる協力者が必要です。

たとえば、音4の人が番組の企画を考え、10の人がそれをプロデュースするという関係です。4と10が力を合わせると、素晴らしい作品を創造することができるでしょう。

音4は、専門職タイプなので、自分の世界に深く入り込み、孤立することもあります。協調性が欠けると周りから見られることもしばしばです。

音4の人は「他人を認める」ことを課題にするといいでしょう。そうすると、見えてくる世界も広がり、協調性もついてきます。

〈事例〉

4と10の補完関係で代表的なのは、音4の美空ひばりと音10の阿久悠です。作詞家阿久悠の中には、いつも美空ひばりという存在がいました。

「美空ひばりが歌えない歌をつくる」が阿久悠のコンセプトでした。生涯、コンビを組むことはありませんでしたが、この4と10が組んでいたら、どんなに素晴らしい歌が誕生していたことでしょう。

4と9の関係も、いい仕事ができる、ベストパートナーとなる組み合わせです。美空ひばりの『川の流れのように』の作詞は、音9の秋元康さんでした。

オバマ米大統領とヒラリー・クリントン国務長官は4と8の倍音関係です。ちなみに、ヒラリーの夫であるビル・クリントン元大統領もオバマ大統領と同じ音4です。

天才漫才コンビだった「横山やすし・西川きよし」は、破天荒な横山やすしさんが一見、強そうに見えますが、やすしさんが職人肌の4、きよしさんがはっきりした物言いの8。実際、楽屋ではきよしさんがやすしさんに強いことを言っていたようです。

音5の相性・人間関係

〈相性・人間関係を良くするために〉

プロ野球904試合連続フルイニング出場という世界新記録を達成した阪神タイガース・金本知憲選手を見てもわかるように、音5の人は底知れぬ力を秘めています。

実は、音5の人は、自分でその力を発揮するチャンスをつかむというより、周りの人間に触発されるという一面をもっています。

音5の人は、自分を目覚めさせてくれる出会いを求めて、積極的に交流を重ねるとよいかもしれません。

〈事例〉

その好例が、タレントの上地雄輔さんです。

テレビのクイズ番組に出演して珍解答を連発、『おバカキャラ』として一躍ブレイクしました。そのきっかけをつくった生みの親が島田紳助さんです。上地さんが音5、島田さんが音9で、見事に補完関係になっています。

上地さんのブレイクは、島田さんとの出会いによってもたらされたものといっても過言ではないでしょう。

音6の相性・人間関係

〈相性・人間関係を良くするために〉

音6の人はマイペース型です。拘束されることには向きません。1人のほうが気楽だという面をもっています。

自分が周囲や他人に合わせようとは考えません。自分のペースを守るために一定の距離を置きたいタイプです。

安倍晋三元首相が6で、夫人の昭恵さんが2です。6と2は音から見て接点がなく、6の人は自分から近づこうとはしません。確かに安倍さんが首相時代、たびたび昭恵夫人と一緒にいる場面が報道されましたが、手をつないでいてもどことなくぎこちない印象がありました。

音6の人は、「配慮」を心がけると、周りに溶け込んだり、人との関係も深まっていきます。

〈事例〉

時代の流れを超え、人々の心に残る歌を届けたいというフォークデュオのコブクロは、小渕健太郎さんが音6、黒田俊介さんが音11。6と11はプラス5で波長が合います。路上ライブをしていた小渕さんとストリート・ミュージシャンをしていた黒田さんは商店街で出会って意気投合。これがきっかけで一緒に組むことになりました。

サッカーJリーグが発足したころ、当時のヴェルディ川崎（現東京ヴェルディ）には、三浦知良さんやラモス瑠偉さん、北澤豪さん、武田修宏さんらが在籍、黄金期を築きました。ラモスさんが6、三浦さんが7の連係関係に当たります。

音7の相性・人間関係

〈相性・人間関係を良くするために〉

「名選手かならずしも名監督にあらず」といわれるプロ野球界ですが、楽天の野村克也監督は選手としても監督としても申し分のない実績を残しています。

音7の人は、他人に頼らなくてもいいところがあり、自分で結論が出せます。参謀がいらないタイプ。自らの体験によって学んでいく人なので、体験を大切にした生き方がベターです。また、情報の整理も人間関係を良くする大切なポイントになります。

「体験と情報の整理」を生かしたのが野村氏。南海時代、解雇になりそうになったことがあり、そのとき、「やめるくらいなら南海電車に飛び込んで死んでやる」と大見得をきり、死に物狂いで頑張り、人間関係の軋轢《あつれき》を乗り越え、この体験を生かして、後の活躍の基礎を築きました。野村監督の情報の整理のうまさは周知の事実。

ソフトバンクの孫正義社長も音7です。野村證券で〝伝説の証券マン〟としてその名を轟《とどろ》かせた北尾吉孝さん（現ＳＢＩホールディングス社長）は、多くの体験を生かして95年、孫社長に招聘《しょうへい》され、ソフトバンクに常務取締役として入社、孫社長の片腕としてらつ腕を振るいました。

10年後、北尾さんはソフトバンク取締役を退任しました。北尾さんは孫社長の拡大主義的な経営方針に異論をもっていたともいわれています。北尾さんも音7です。7同士で最初は意気投合したのですが、その後、反対の面が出たのでしょう。

〈事例〉

プロレスラー・総合格闘家の髙田延彦さんと、女優・女性タレントの向井亜紀さん夫妻は、米国で代理出産して自分たちの実子として出生届を出したが不受理となりました。向井さんが音7、髙田さんが8です。音7と8は連係関係。2人の問題提起を契機に法整備の動きも出ています。

日本人初のNBA（アメリカ・プロバスケットボールリーグ）プレーヤーとなった田臥《たぶせ》勇太さんと、バスケット界のスーパースター五十嵐圭さんは同学年で友人です。田臥さんが音7、五十嵐さんが音12です。

2人は、プラス5の波長が合う関係なので、良きライバルとして切磋琢磨《せっさたくま》しながら、バスケットボール界を引っ張っています。

音8の相性・人間関係

〈相性・人間関係を良くするために〉

面倒見がよく、世話焼きタイプの8の人は、心配性がたまに傷。相手を見ながら、ほどほどに頃合いをはかることも必要。

相手をフォローし、母性的なことを心がけることによって、コミュニケーションもうまくいくようになります。

フォローとは修正的な意味合いももっています。原田泳幸氏は、アップルコンピュータ社長から、カリスマ経営者の藤田田氏の後継として日本マクドナルドの社長に転身しました。

原田さんは、7年も連続で売上が下がっていた日本マクドナルドを短期間で建て直した経営者として、高い評価を得ています。当時、「マック（Mac）からマック（マクドナルド）へ」と話題となりました。

原田さんは音8の人です。音8は修正的な生き方をとることでうまくいくようになります。異業種に飛び込んだ原田さんですが、それまでの藤田氏の路線を修正する改革姿勢を取ることで社内の人たちに受け入れられて、成功を遂げることができたのです。

音8の人は自信満々であるために、周りの反発を招くことも……。サッカーの中田英寿氏も音8で、リーダーとしてチームの和を維持することに苦労したようです。

中田さんは人間関係を軽視したというより、自分を貫こうとして結果的にチームの和が取れず、孤立したような感じになったのかもしれません。

音8の人が人間関係をうまくやっていくコツは「なめらかさ」にあります。お互いを認め合う人間関係を基本にしながらも、少し自分のほうが折れることを心がけると、よりスムーズにいくでしょう。

〈事例〉

芸能人カップルの『理想の夫婦』調査で上位にランクされるのが、木梨憲武・安田成美夫妻です。安田さんが音8、木梨さんが音13で、2人は波長が合う関係です。お互いに手を引っ張り、助け合っていい関係を保っています。

音9の相性・人間関係

〈相性・人間関係を良くするために〉

音9の人は、人の話を聞いているようで聞いていないところがあります。この音の人が人間関係を良くするコツは、傾聴にあります。人の言うことに耳を傾けるようにすると、コミュニケーションもうまくいくようになります。

水泳の北島康介選手は、北京五輪で2冠を達成しました。その陰には、綿密な戦略、厳しいトレーニング、そして〝育ての親〟である平井伯昌コーチとの見事な〝二人三脚〟がありました。

音9は、耳の痛いことを聞くのは嫌なので、おそらく音9の北島選手も最初は平井コーチの助言を聞きにくかったかもしれません。

しかし、北島選手はコーチの話に耳を傾け、金メダルを取るために大変な努力をしたのでしょう。つまり、傾聴できたから、あれほどの記録につながったのです。音9の人は、謙虚に素直に耳を傾け、その通り実行することを心がけましょう。

〈事例〉

音9は、初代貴乃花で小柄でありながら粘り強い相撲で人気を博しました。

それを受け継ぎ、大関、貴乃花を平成の大横綱、貴乃花として結実させたのが、音10の貴乃花光司さんです。

1980年代、中曾根康弘首相とアメリカのレーガン大統領は、2人の間で中曾根を「ヤス」と呼び、レーガンを「ロン」と愛称で呼び合うほど親密な関係を築きました。この個人的な関係は、当時「ロン・ヤス」とあだ名されました。中曽根さん、レーガン氏ともに音9です。

音10の相性・人間関係

〈相性・人間関係を良くするために〉

音10の人は、人格的な人が多く、利害関係の調整役にまわることも少なくありません。板ばさみになりやすいところもありますが、この音の人がいると、何となく決着するということが多いのです。大喧嘩している2人の間に、音10の人が仲裁に入ると、案外簡単に仲直りしてしまいます。

〈事例〉

相撲協会と藤田憲子さんがもめてしまいましたが、音10の貴乃花さんが発言すると収まりました。音10の人は調節能力に長《た》け、いろいろなしがらみを解きほぐし、収拾する役割を果たします。

意気投合する例としては、八代亜紀さん・阿久悠さんのコンビが挙げられます。八代さんが音5、阿久さんが音10。倍音でもあり波長が合った典型的な例でしょう。

八代さんは『舟唄』などの代表的なヒット曲で女性演歌歌手として不動の地位を築きました。

『舟唄』は阿久さんの代表曲でもあり、1979年、阿久さんの作詞家活動のまさに絶頂期に生み出された曲でした。

音11の相性・人間関係

〈相性・人間関係を良くするために〉

音11の人は強いエネルギーのもち主で、そのエネルギーの解放は、しばしば周囲に混乱を生み出すこともあります。

また、独自性が強く、ほかの真似が嫌いという人が多いので、周りと不協和を起こすこともしばしばです。

音11の人に小泉純一郎元首相がいます。小泉さんを見てもわかるように、音11の人は自分のスタイルとスタンスを崩さないところがあります。

誰が何と言おうと変わらない、崩そうとしない頑固さをもっています。このように、音11は、自分から人に合わせようとするタイプではないので、11の人に対しては、周りが理解し、尊重して受け入れてあげるのがいいでしょう。

〈事例〉

映画監督、映画プロデューサーの角川春樹さんが音11、女優の薬師丸ひろ子さんが音3です。補完関係になります。

角川さんは、映画「野性の証明」の公募オーディションで2000人を超える応募者の中から、当時中学2年生だった薬師丸さんを抜擢しました。その後、薬師丸さんは、数々の「カドカワ映画」に出演しました。

音12の相性・人間関係

〈相性・人間関係を良くするために〉

音12は、1人だけの単独行動より、誰かと行動を共にするほうがうまくいくタイプです。

依頼心として現れる人もいますが、もともと12の人は、1人では寂しい、1人では喜べないところがあります。そのため喜怒哀楽を分かち合える人を望みます。

音12の人にとっては、協力者の存在が欠かせません。

協力者を得ることによって、自分のもつエネルギーがさらにパワーアップされます。

〈事例〉

全日本女子バレーボールチームの柳本晶一監督と竹下佳江主将は、同じ音12同士なので、お互いに意思が通じ合うところがあります。

柳本監督のもと、身長159センチで「世界最小最強セッター」といわれる竹下さんが、「司令塔」として柳本ジャパンをけん引してきました。

〝朝青龍の日本の母〟を自称し、横綱朝青龍と親密な交流をしている占い師の細木数子さんが音12、朝青龍関は音2で、補完関係になっています。

一方、おもしろいことに、脚本家で横綱審議委員の内館牧子さんも音12です。内館牧子さんは、横綱の品格にふさわしくないと朝青龍の態度を事あるごとに批判しています。

本来は、12と2の補完し合う関係が、この2人の場合はもう1つの方向、「反発」に向かったようです。

理想のカップルを公募で選ぶ「パートナー・オブ・ザ・イヤー」に輝いたこともある船越英一郎・松居一代夫妻。選ばれた理由は、献身的、絆《きずな》、明るい、元気などでした。

こちらも松居さんが12、船越さんが2で、足して14の補完関係です。

お互いの好きなところについて、船越さんは、松居さんの何事も全力投球するパワーとバイタリティー、愛情に満ちた姿勢、松居さんは船越さんの優しさを挙げています。

音13の相性・人間関係

〈相性・人間関係を良くするために〉

音13の人は、器用で、いろいろな分野に関心をもつために、幅広い人間関係が築けます。

ところが、音13は常識を超越したところがあり、周りを驚かせたりするので、13の音の人には、ついていけないという人も出てきます。

13はマヤでいう「13のサイクル」の最後の数字なので「締め」という役目を帯びます。「仕上げ」としての意味があり、そのためには忍耐、耐え忍ぶことが要求されます。

〈事例〉

〝漫才ブーム〟の立役者になったビートたけしさん、島田洋七さんが13同士。同じ音なので心が通い合う間柄です。

実際、2人は親友としても知られています。きっかけは1986年、たけしさんが起こしたフライデー事件。

当時、謹慎中で誰も面会に来なかった中、ただ1人洋七さんだけが会いに来てくれ、たけしさんは感謝で一日中泣いたといいます。

2008年11月、5億円詐欺の容疑で音楽プロデューサーの小室哲哉容疑者が逮捕されました。

エイベックス・グループ・ホールディングスの松浦勝人社長は小室被告のために、2009年3月、ポケットマネーから約6億5000万円を立て替え、被害者に完済しました。

小室被告は音12、松浦社長は13。音12と13は連係の関係で、12が行ったことに対して13が連帯して責任を取る形になっています。しかし、6億5000万円とは大変な金額です。

立て替えた理由について、松浦社長は「今のエイベックスがあるのは小室さんのお陰。その恩に報いたい」と述べました。

こういう生き方をしているとエイベックスの評価も上がり、シンクロも起きやすくなるのです。

4

謎に満ちた神秘のマヤ文明が21世紀の人類に伝えたいこと

4000年前、中央アメリカに誕生したマヤ文明

前章までは、マヤ暦の「13の銀河の音」の意味とその音が示す特徴と性格、シンクロを引き寄せるキーワード、音でわかる理想の相性、人間関係などについて説明してきました。きっと読者の皆さんは、驚かれたことでしょう。

そこでこの章では、マヤ暦をさらに深く理解していただくために、マヤの歴史についてもひと通り学んでおきましょう。

まず、最初にマヤ文明の概略を簡単に紹介しましょう。

マヤ文明は約4000年前、メキシコ南東部、グァテマラ、ユカタン半島など現在の中央アメリカに誕生し、数千年にわたって栄えた文明です。

その時代区分は、

①BC2000年〜AD200年の先古典期

②AD200年〜900年の古典期

③ＡＤ９００年～16世紀の後古典期（スペインの征服者コルテスによって滅亡）に大きく分類されます。

マヤ文明は滅亡後、メソ・アメリカ（現在のメキシコ中部から中米にかけての地域）の広大なジャングルの中にひっそり埋もれてきました。

中南米ではアステカやインカといった古代文明も花開きましたが、これらの文明が広い領土の一大帝国だったのに対し、マヤ文明は数多くの都市国家が独立し、都市国家同士で交流や交易を盛んに行い、その中で独自の世界観をもつ文化や伝統を築き上げていった文明でした。

謎に満ちた驚異のマヤ文明

マヤは巨大なピラミッド、壮大な神殿都市、高等数学（ゼロの発見）、天文学など、非常に高度な科学をもっていたといわれますが、同時に多くの謎に満ちていることも知られています。

エジプトや中国などの「4大文明」においては、「大河の周辺に位置する」「金属器を使用」という条件を備えていることが知られます。

しかし、マヤにおいては、これらのことはあてはまりません。

まず、マヤは大河の周辺で興った文明ではなく、現メキシコのユカタン半島を中心に発祥しています。古典期においては、大河のない熱帯雨林を中心に数多くの都市が栄えています。

またマヤでは、青銅器や鉄器などの金属器は使われていませんし、牛や馬などの家畜も持っていませんでした。巨大ピラミッドの遺跡も発見されていますが、これらはすべて基本的に人力のみで建設されたようです。

世界で初めてとうもろこし栽培を始めたマヤ

これまでのところ、マヤの文明と呼ばれるものが歴史に登場するのは、ＢＣ5000年頃、とうもろこしの栽培あたりからです。とうもろこしの栽培は、世界で初めてマヤで始まりました。

次に文明として本格的に登場するのは、ＢＣ２０００年頃、グァテマラの隣国ベリーズのクエージョ遺跡です。

ここでは土器が発見され、とうもろこし、カタツムリ、鹿などが食用とされたことがわかっています。

また、宗教センターのようなものがあったようです。

この後、ベリーズから西に６００キロほど離れたコアツァコルス（メキシコシティーの南）の地域にオルメカ文明が現れます。黒人の特徴をもつ巨石人像が多くつくられており、サン・ロレンソ遺跡、ラ・ベンダ遺跡、トレス・サポテス遺跡などから人頭像が出土しています。

しかし、ＢＣ４００年頃には、このラ・ベンダを最後にオルメカ文明は終わりの時を迎えています。オルメカ人は黒人の特徴をもっており、後のマヤ人とは異なる特徴をもちます。

AD830年に終わりを告げたマヤの黄金時代

このオルメカ文明の始まりと時を同じくして、その他多くのマヤの都市文明が発祥したと考えられています。

BC200年頃、現在のメキシコシティーのある地域にテオティワカンが隆盛を始めます。AD200年以降、マヤは黄金時代と呼ばれる古典時代に入ります。

AD200年頃のテオティワカンは、エジプトのクフ王のピラミッドにつぐ大きさのピラミッドを完成させます。

このとき同時に建設された道路は、現在の16車線に相当するもので、長さも数キロにいたる巨大なものでした。

この頃、グァテマラ・ペテン地域に成立したティカルは、このテオティワカンと同盟を結ぶことによってペテン地域最大の勢力となっていきます。

密林に位置する古代都市ティカルは、当時、中心部だけでも6～7万人の人口を擁する大都市だったといわれます。

しかし、ティカルは河からも湖からも遠かったので、この人口を養うためにいくつもの人工貯水池をつくりました。

都市の地表に漆喰《しっくい》を塗り、地面に傾斜をつけて、雨水を貯水池に導きました。都市全体を巨大な漏斗《じょうご》のようなつくりにして、水を確保したのです。

さらには、高台にある貯水池の水は、使用後にはその下方にある貯水池に流れ、再利用するなどの水循環システムまでもつくっていました。古代文明の粋を集めてつくられたティカルは、世界遺産に指定されています。

しかし、AD535年、スマトラ沖に起こったとみられる海底大噴火の災害により、この2つの都市国家は一気に衰退してしまいました。

このため、それまでテオティワカン、ティカルの圧制に抑えられていた周辺の都市国家は隆盛の時を迎えます。

この頃のマヤ地域は、群雄割拠の時代だったようです。こうしたマヤの黄金期といわれる古典期は、AD830年にほぼ終わりを告げます。

この後、AD950年頃になると、トルテカがユカタン半島を除くマヤ地域全体を支配するようになります。

一方、ユカタン半島の北方ではチチェン・イッツァ、ウシュマル、コバーなどが栄えました。

トルテカが衰退した後、AD1300年代半ばにはアステカに交代しています。このトルテカ、アステカの2つの時代は歴史上でも悪名高い人身御供の時代です。マヤは、最終的にはスペイン人の征服により滅亡します。そして、以後数百年にわたり、密林に眠ってしまいました。

なぜマヤ文明は突然滅んだのか

繁栄を誇ったマヤ文明は、突然、謎の消失をしてしまいました。

西暦1492年、コロンブスがアメリカ大陸を発見した時には、すでにマヤ文明の大部分は密林の彼方に消え失せた後でした。

新大陸発見当時、メキシコで栄えていたのは、マヤ文明の影響を受けたアステカ帝国でした。

そのアステカ帝国もスペインの征服者コルテス率いる総勢150名足らずのスペイン兵の前に簡単に滅び去ったのです。

なぜ、このようにマヤ文明は突然消失したのでしょうか。

異民族の侵入、疫病の発生、都市間の争いなど様々な説がいわれていますが、今もなお不明のままです。そのことが、謎に満ちたマヤ文明といわれるゆえんとなっています。

世界遺産に登録！　マヤの古代遺跡

マヤ文明がどれほど壮大で華麗なものだったかは、その古代遺跡からも明らかです。

先古典期（BC2000～AD200年）の遺跡としては、高地から太平洋岸にかけての地域では、グァテマラのカミナルフユ、アバフ・タカリク、エル・サルバドルのチャルチュアパなどが有名です。

低地の遺跡としては、グァテマラのエル・ミラドール、ナクベ、ベリーズのセロスがあります。

ホンジュラスのコパンにもBC900年頃には、かなりの権力をもった首長がいたようです。

古典期（AD200~900年）の遺跡としては、メキシコのカラクルムやパレンケ、グァテマラのティカル、クリグアー、ホンジュラスのコパンが挙げられます。コパンはユネスコの世界遺産に登録されている代表的な遺跡です。

後古典期（AD900年以降）の遺跡としては、メキシコのウシュマル、チチェン・イッツァがあり、世界遺産に登録されています。

古代都市チチェン・イッツァにある代表的建造物のエル・カスティーヨ（城砦という意味）は、マヤの最高神ククルカン（羽毛のあるヘビの姿の神）を祀《まつ》るピラミッドです。

このエル・カスティーヨに、春分と秋分の日の年2回、太陽が西に傾いたある時間、階段の側面にうねるような光のジグザグ模様が浮かび上がり、ピラミッドの下部に取りつけられた蛇の頭部と合体します。

天からククルカンが降り立つ姿を描いたこのマヤの神秘のイベントは「ククルカンの降臨」と呼ばれています。

宇宙の叡智《えいち》からもたらされたマヤ暦

統一国家を樹立することなく、各地の都市国家が合従連衡と興亡を繰り返し、最終的には滅びてしまったマヤ文明。

マヤが、「謎の古代文明」といわれるのは、熱帯ジャングルの中で栄え、繁栄の絶頂で突然この地上から消え失せてしまったからです。

また、文明が誕生する必要条件を備えていなかった「考古学の常識を超えた古代文明」だったためです。

そして3つめの理由が、高等数学と高度な天文学の知識によってつくりあげた暦

（マヤ・カレンダー）を使っていたことです。

では、マヤ暦はいつ頃成立したのでしょうか。

1章でも少しご紹介しましたが、もう一度ここで、マヤ暦について現在までにわかっていることを整理しておきましょう。

前述したように彼らが使用していたカレンダーには、「長期歴」と「短期暦」がありました。

「長期暦」とは、彼らの精緻《せいち》な天体観測から得た太陽黒点の大周期936万日と、それを5分割した1、872、000日（約5、125年）から計算されたもの。

一方、「短期暦」は、360日の周期を「13」と「20」の比で割り振った約256年周期の暦。

また、マヤ人が使っていたもう1つのカレンダーに260日周期の「神聖暦」と呼ばれるものがあります。

この神聖暦こそが、マヤの時間思想の根幹となるものでした。この神聖暦の最も古い記録としては、BC600年頃、モンテ・アルバンの近くのサン・ホセ・モゴテの遺跡があります。

これに対して、長期暦についての最も古い記録は、最大でＢＣ２３５年にさかのぼるアバハ・タカリックの石碑だといわれます。

明確な記録として残っているもので最も古いものは、ＢＣ36年のチアバ・デ・コルソ遺跡です。彼らはどのようにして２６０日をサイクルとする神聖暦の知識を得たのでしょうか。

数学や物理の定理の発見、あるいは何らかの技術的な発明においては、発見・発明者のインスピレーションが大きく関係しています。

では、インスピレーションは、どのように起こるのか、どこからもたらされるのか。この問題について現代科学は、いまだに何も答えを出していません。

しかし、マヤ人なら直ちに「それはスピリットからくる」と答えるでしょう。スピリットとは、宇宙の叡智につながった霊的な実在ないしエネルギーのことです。マヤの神話や、おそらくカレンダーもまた、その源泉においてはこうした情報の源からもたらされたものといえるでしょう。

マヤの「時間の本質」は「13」と「20」のサイクルにあった!!

マヤ文明は「時間の文明」ともいえるものです。

マヤの人たちは時間の神秘の謎を解き、時間の本質を明らかにすることこそ、幸せと平和のもとがあると考えたのでしょう。

巨大ピラミッドも高度な天文学も、ゼロの発見に象徴される高等数学も、つきつめればすべては、時間の本質を解明する道具だったのです。

マヤ人は、「時間」を意識、エネルギーと考えました。私たちが時計で表す時間の概念は、マヤの人たちにはありません。

立教大学教授・実松克義氏によれば、マヤには西洋の「時間」に相当する言葉はなく、強いてあげれば、マヤ語（キチェー語）で「ナワール」（叡智、スピリット）がそれに相当するとしています。

マヤ人の考えるナワールとは、神（宇宙）がもっているもの、すなわち「神の意識」

のことにほかなりません。

マヤ人は宇宙を、20の異なったナワール（神）が、「交代で支配」していると考えました。

支配というのは、それぞれの神がもっている叡智のエネルギーを宇宙に流すということを意味します。宇宙には、神の意識（エネルギー）が日々、流れているというわけです。これがマヤ暦の基本となる「20」のサイクルです。

そしてもう1つのサイクルが、本書でも述べてきた「銀河の音」つまり「13」のサイクルなのです。

13のサイクルを「エネルギー」、20のサイクルを「神の叡智・意識」と見る。これこそが、マヤの「時間の本質」に当たるのです。

宇宙のリズムに合わせることの大切さを知っていたマヤ人

マヤでは、時間をサイクル（周期）と見るのです。

人間と自然、宇宙は、見えないところで深くかかわり合っています。人間は自然や宇宙から影響を受けています。

マヤの人たちは、自然の現象や太陽の動きが、大地に影響を与え、そのために起きる気候条件が植物の成長や動物たちの生育に影響を及ぼし、その結果が自分たち人間の営みのすべてに及んでいることに気づいていました。

宇宙の鼓動は大地の鼓動を支配し、大地の鼓動は人間の鼓動に大きくかかわっていることを知っていました。

宇宙はリズムによって成り立っている、そのリズムは人間にも影響を及ぼしている、それならば、人間は宇宙のリズムに合わせることが大切だと、深く理解していたのです。

時間をサイクル（周期）と見たマヤ人は、宇宙なくして人間は存在することはできず、宇宙の時間の流れを知ることなくして人間の本質を知ることはできないと考えたのです。

時間の本質を見失って生き方も見失った現代人

ひるがえって、現代に生きる私たちはどうでしょう。

私たちにとっての時間とは何でしょう。

今、私たちが従っている「時間」、それは12時間、60分で計算される機械的な時間です。

朝7時になれば起きて会社や学校に行く、12時になれば昼食を食べ、5時か6時になれば終業し、7時に帰宅する。

この場合の「時間」は、ほとんどの場合、仕事や、金銭を稼ぐためだけに存在するものです。

余暇の時間は、金銭を得るために心身を休息させ、回復させるための時間にすぎません。

私たち現代人にとって、年や月日、毎日の時間といったものは、時の経過を計る単なる単位、時計の針が刻む機械的リズムにすぎなくなっています。

そこには湖面の静寂が漂い、渓流のせせらぎが奏でる生命の鼓動や、雨や風が織りなすリズムはなく、〝生命の息吹き〟が感じられない機械的な時間が流れているだけです。

そこから見えるのは、大地や宇宙のリズムと切り離され、競争に明け暮れ、生活に追われ、本質を見失い、孤独に生きる現代人の姿です。

私たちは今、混迷の時代を生きています。自分が何のために存在するのか、わからなくなっています。

それもすべて私たちが、マヤが教えていた「時間の本質」を見失ったからなのです。

本当の時間とは、機械で計れるものではなく、心でしか感じることができないものなのです。

マヤ人は、早くからそのことに気づいていました。太陽や月、その他の星々を含む大宇宙のすべてが、この大地を通して人間の運命を支配していることに気づいていた
マヤ人は、「大宇宙のリズムを知れば、地上のあらゆるもののリズムを知ることがで

きる」と考え、マヤ暦を編み出したのです。

「人間とは、どんな存在？」

「私の人生って、いったい何？」

「自分は何のために生きているのか」

「子どもたちの未来はどうなるの？」

　こうした問いに答えてくれる智恵、よりどころとなるものが、マヤ暦にほかならないのです。

「2012年終末説」は本当なのか？

　マヤの長期暦では、BC3114年8月13日を起点とし、20進法で計測し、1バクトゥーン（約400年）が13回繰り返されると、1つのサイクル（約5125年、1872000日）が終わると考えられています。これは、太陽黒点の大周期をベースに計算されているものです。

そしてこの暦が終わるのは、２０１２年12月21日とされています。

これが俗にマヤにおける「人類滅亡」「世界の終末」といわれる風説であり、世紀末願望へのカルトへ人々を駆りたてる要素ともなっているものです。

しかし、現在ではこの説が欧米のマスメディアによってつくられたものであることが、日本のマヤ学者たちの間での一致した見解となっています。

では、２０１２年12月21日に暦が終わるとされていることを、どのように解釈すればいいのでしょうか。

結論からいいますと、「暦の終わり」ではなく「暦の区切り」ということです。

つまり、２０１２年でマヤの暦が終わるのではなく、古代のマヤの人々が使っていた長期暦が、２０１２年で１つの区切りがつくということにほかならないのです。

言い換えれば、次の長期暦が始まるということです。ＢＣ３１１４年から始まったマヤの長期暦が、約５１２５年の周期で２０１２年を迎え、次の約５１２５年のサイクルが始まるということなのです。

「人類滅亡」でもなければ、「世界の終末」でもなく、次の暦が始まるということにすぎないのです。

マヤの長期暦は、スペインがマヤを征服したときにはすでに失われていたために、後の歴史家たちが、256年の短期暦と長期暦をつなぐのに大変な苦労をしました。真正な長期暦が失われたと同時に、マヤに「民間伝承のカレンダー」が残り、本来の叡智を失った通俗的な「占い」へと転落していったのです。

時代の終わりなどといったセンセーショナルなとらえ方にまどわされる必要は、まったくありません。

エピローグに代えて　「銀河の音」でわかる過去と未来

13の音で過去が鮮明になり近未来もわかる

マヤの人たちの根底には、時間とは棒のように直線的に進むものではなく、寄せては返す波のように、一定の法則に基づいて繰り返すものであるという独特の「時間」概念がありました。

そこから編み出されたのが、マヤ暦です。

本書では、「13の銀河の音」から自分の性格や本質について、大胆かつダイレクトにアプローチしてきました。

もし、マヤの叡智《えいち》を深く読みとることができるならば、あなたは自分の本質を見つけ出し、現在のあなたを本質のあなたに近づける方法、シンクロニシティを引き寄せる方法も理解できるでしょう。そして、あなたの未来に関する秘められた秘密にまで迫ることも可能でしょう。

本書の最後に、「銀河の音」から見た、私たちの社会の「過去」と「近未来」の姿をほんの少しですが、描いてみることにしましょう。

音1から音13までのキーワードは、社会の情勢、状況にまで影響を及ぼします。音1から音13までの流れは時代の変遷を形づくるのです。

マヤ暦では、その年の7月26日から翌年の7月24日までが「1年間」

2006年7月26日～2007年7月24日が、「音1」の時代です。

この年「不二家」の偽装事件が起こりました。偽装表示の始まりとなった事件です。宮崎県の東国原知事が誕生し、地方行政に目が向くようになったのも、この年です。

ちなみに、この年の前年（2005年7月26日～2006年7月24日）は、「音13」の年でした。

1から13までの流れでみると、「13」の年は、終結、区切りを意味します。この年にライブドア事件が起きています。

２００７年７月26日～２００８年７月24日が「音２」の時代でした。「音２」の年は、２という音の意味が「白黒がはっきりする」なので、本当にそのような年でした。

勝ち組・負け組が明確になり、偽装問題が次々に出てきて、真実と偽りがはっきりしました。参議院議員選挙では、参議院の与野党の議席が逆転しました。

２００８年７月26日～２００９年７月24日は「音３」の時代です。

「音３」は、その音の意味から「奉仕の心をもって、つながる」時代です。２００８年、大晦日《おおみそか》のＮＨＫ紅白歌合戦もテーマは「絆」でした。

２００８年の年末から年始にかけては、不況が深刻さを増し、派遣切りなどが社会問題化しましたが、そういう人たちを見捨ててはおけないということで、自治体までが失業者の採用に踏み切りました。

こういう〝奉仕の動き〟はかつてなかったことです。

社会鍋も実施されお金もいっぱい集まったそうです。定額給付金も助け合いに回すという人たちも少なくありませんでした。

根底に「心のつながり」を求める時代ですから、困った人たちを助ける風潮が広まったのです。

音3は「体験する」年でもあったので、嵐のような激動も、未曾有の経験をさせられたということです。アメリカではオバマ大統領が誕生し、白人と黒人をつなぐ時代に突入しました。

さて、2009年7月26日～2010年7月24日は、「安心感、安定感」のある「音4」の時代に入って、それまで吹き荒れていた嵐も終息し、落ち着いてきます。世界中の国が協力する方向に向かい出します。

この「音4」は自分の存在をはっきりさせる年でもあります。そのためには、「気づき」が大切になります。

精神的な要素が強まり、汗を流して働く喜び、尊さが見直されてきます。真面目に働く人が評価される傾向になるのが、音4の時代です。

２０１０年7月26日〜２０１１年7月24日の「音５」の時代は、高いレベルに向かってステージアップする時代となるでしょう。

これ以降の年も「13の銀河の音」と密接なつながりがありますが、本書の主目的ではないので、ここでは割愛させてもらいます。

今後もわれわれ現代人は、マヤ暦を大いに参考にして、心の枠組みを変え、失ってしまった叡智を取り戻したいものです。

あとがき

マヤ人は、時間が意識であり、叡智《えいち》であり、またスピリットであるという概念をもっていたために、宇宙の意思、神と呼ばれる存在と隔たりなく過ごすことができました。

現代の私たちのように、時計が計っているものだけが時間だと思い込んでいる限りは、宇宙の意思とつながることもできず、自分の本質がわからず、宇宙にも人生にも何の意味も見出せなくなってしまいます。

マヤ暦は、宇宙の叡智とつながり、自分の本質、人生の意味、宇宙の意義を根本から教え、シンクロニシティを誘発してくれる最大にして最高のツールです。

そのマヤ暦の入門書として、本書を著しました。

人類は、もはや現在の生命原理では生きていけなくなっています。

これからはルネッサンスを超える新しい思想の枠組み、社会体制が構築されなければならないでしょう。

そのような時代に生きる私たちが、今できることは、1人1人が意識を変革して、自分の人生をまず生命の光で照らし出すことではないでしょうか。

それぞれ各人が自らに内在している本質、宇宙の叡智に目覚めたときこそ、初めて新しい時代を迎えることができるでしょう。

本書がそのためのきっかけになることができれば、これほどうれしいことはありません。

この書ができあがるまでには、多くの方との出会い、ご指導、ご鞭撻《べんたつ》がありました。

特にコスモトゥーワンの杉山社長にはお世話になりました。また、長野の中嶋秀君には、楽器について教えていただきました。この本にかかわったすべての人に心より厚くお礼申し上げます。

２００９年　３月吉日

越川　宗亮

（本書に関するお問い合わせはＭ・Ａ・Ｐ株式会社へ　連絡先℡０４７・４１１・９８０１　ＨＰ　http://www.map19.com）

西暦とマヤ暦の対照表

1962(1910)年

	1月	2月	3月	4月	5月	6月	7月	8月	9月	10月	11月	12月
1	63	94	122	153	183	214	244	15	46	76	107	137
2	64	95	123	154	184	215	245	16	47	77	108	138
3	65	96	124	155	185	216	246	17	48	78	109	139
4	66	97	125	156	186	217	247	18	49	79	110	140
5	67	98	126	157	187	218	248	19	50	80	111	141
6	68	99	127	158	188	219	249	20	51	81	112	142
7	69	100	128	159	189	220	250	21	52	82	113	143
8	70	101	129	160	190	221	251	22	53	83	114	144
9	71	102	130	161	191	222	252	23	54	84	115	145
10	72	103	131	162	192	223	253	24	55	85	116	146
11	73	104	132	163	193	224	254	25	56	86	117	147
12	74	105	133	164	194	225	255	26	57	87	118	148
13	75	106	134	165	195	226	256	27	58	88	119	149
14	76	107	135	166	196	227	257	28	59	89	120	150
15	77	108	136	167	197	228	258	29	60	90	121	151
16	78	109	137	168	198	229	259	30	61	91	122	152
17	79	110	138	169	199	230	260	31	62	92	123	153
18	80	111	139	170	200	231	1	32	63	93	124	154
19	81	112	140	171	201	232	2	33	64	94	125	155
20	82	113	141	172	202	233	3	34	65	95	126	156
21	83	114	142	173	203	234	4	35	66	96	127	157
22	84	115	143	174	204	235	5	36	67	97	128	158
23	85	116	144	175	205	236	6	37	68	98	129	159
24	86	117	145	176	206	237	7	38	69	99	130	160
25	87	118	146	177	207	238	8	39	70	100	131	161
26	88	119	147	178	208	239	9	40	71	101	132	162
27	89	120	148	179	209	240	10	41	72	102	133	163
28	90	121	149	180	210	241	11	42	73	103	134	164
29	91		150	181	211	242	12	43	74	104	135	165
30	92		151	182	212	243	13	44	75	105	136	166
31	93		152		213		14	45		106		167

1963(1911)年

	1月	2月	3月	4月	5月	6月	7月	8月	9月	10月	11月	12月
1	168	199	227	258	28	59	89	120	151	181	212	242
2	169	200	228	259	29	60	90	121	152	182	213	243
3	170	201	229	260	30	61	91	122	153	183	214	244
4	171	202	230	1	31	62	92	123	154	184	215	245
5	172	203	231	2	32	63	93	124	155	185	216	246
6	173	204	232	3	33	64	94	125	156	186	217	247
7	174	205	233	4	34	65	95	126	157	187	218	248
8	175	206	234	5	35	66	96	127	158	188	219	249
9	176	207	235	6	36	67	97	128	159	189	220	250
10	177	208	236	7	37	68	98	129	160	190	221	251
11	178	209	237	8	38	69	99	130	161	191	222	252
12	179	210	238	9	39	70	100	131	162	192	223	253
13	180	211	239	10	40	71	101	132	163	193	224	254
14	181	212	240	11	41	72	102	133	164	194	225	255
15	182	213	241	12	42	73	103	134	165	195	226	256
16	183	214	242	13	43	74	104	135	166	196	227	257
17	184	215	243	14	44	75	105	136	167	197	228	258
18	185	216	244	15	45	76	106	137	168	198	229	259
19	186	217	245	16	46	77	107	138	169	199	230	260
20	187	218	246	17	47	78	108	139	170	200	231	1
21	188	219	247	18	48	79	109	140	171	201	232	2
22	189	220	248	19	49	80	110	141	172	202	233	3
23	190	221	249	20	50	81	111	142	173	203	234	4
24	191	222	250	21	51	82	112	143	174	204	235	5
25	192	223	251	22	52	83	113	144	175	205	236	6
26	193	224	252	23	53	84	114	145	176	206	237	7
27	194	225	253	24	54	85	115	146	177	207	238	8
28	195	226	254	25	55	86	116	147	178	208	239	9
29	196		255	26	56	87	117	148	179	209	240	10
30	197		256	27	57	88	118	149	180	210	241	11
31	198		257		58		119	150		211		12

西暦とマヤ暦の対照表

1964(1912)年

	1月	2月	3月	4月	5月	6月	7月	8月	9月	10月	11月	12月
1	13	44	73	103	133	164	194	225	256	26	57	87
2	14	45	74	104	134	165	195	226	257	27	58	88
3	15	46	75	105	135	166	196	227	258	28	59	89
4	16	47	76	106	136	167	197	228	259	29	60	90
5	17	48	77	107	137	168	198	229	260	30	61	91
6	18	49	78	108	138	169	199	230	1	31	62	92
7	19	50	79	109	139	170	200	231	2	32	63	93
8	20	51	80	110	140	171	201	232	3	33	64	94
9	21	52	81	111	141	172	202	233	4	34	65	95
10	22	53	82	112	142	173	203	234	5	35	66	96
11	23	54	83	113	143	174	204	235	6	36	67	97
12	24	55	84	114	144	175	205	236	7	37	68	98
13	25	56	85	115	145	176	206	237	8	38	69	99
14	26	57	86	116	146	177	207	238	9	39	70	100
15	27	58	87	117	147	178	208	239	10	40	71	101
16	28	59	88	118	148	179	209	240	11	41	72	102
17	29	60	89	119	149	180	210	241	12	42	73	103
18	30	61	90	120	150	181	211	242	13	43	74	104
19	31	62	91	121	151	182	212	243	14	44	75	105
20	32	63	92	122	152	183	213	244	15	45	76	106
21	33	64	93	123	153	184	214	245	16	46	77	107
22	34	65	94	124	154	185	215	246	17	47	78	108
23	35	66	95	125	155	186	216	247	18	48	79	109
24	36	67	96	126	156	187	217	248	19	49	80	110
25	37	68	97	127	157	188	218	249	20	50	81	111
26	38	69	98	128	158	189	219	250	21	51	82	112
27	39	70	99	129	159	190	220	251	22	52	83	113
28	40	71	100	130	160	191	221	252	23	53	84	114
29	41	72	101	131	161	192	222	253	24	54	85	115
30	42		102	132	162	193	223	254	25	55	86	116
31	43		103		163		224	255		56		117

1965(1913)年

	1月	2月	3月	4月	5月	6月	7月	8月	9月	10月	11月	12月
1	118	149	177	208	238	9	39	70	101	131	162	192
2	119	150	178	209	239	10	40	71	102	132	163	193
3	120	151	179	210	240	11	41	72	103	133	164	194
4	121	152	180	211	241	12	42	73	104	134	165	195
5	122	153	181	212	242	13	43	74	105	135	166	196
6	123	154	182	213	243	14	44	75	106	136	167	197
7	124	155	183	214	244	15	45	76	107	137	168	198
8	125	156	184	215	245	16	46	77	108	138	169	199
9	126	157	185	216	246	17	47	78	109	139	170	200
10	127	158	186	217	247	18	48	79	110	140	171	201
11	128	159	187	218	248	19	49	80	111	141	172	202
12	129	160	188	219	249	20	50	81	112	142	173	203
13	130	161	189	220	250	21	51	82	113	143	174	204
14	131	162	190	221	251	22	52	83	114	144	175	205
15	132	163	191	222	252	23	53	84	115	145	176	206
16	133	164	192	223	253	24	54	85	116	146	177	207
17	134	165	193	224	254	25	55	86	117	147	178	208
18	135	166	194	225	255	26	56	87	118	148	179	209
19	136	167	195	226	256	27	57	88	119	149	180	210
20	137	168	196	227	257	28	58	89	120	150	181	211
21	138	169	197	228	258	29	59	90	121	151	182	212
22	139	170	198	229	259	30	60	91	122	152	183	213
23	140	171	199	230	260	31	61	92	123	153	184	214
24	141	172	200	231	1	32	62	93	124	154	185	215
25	142	173	201	232	2	33	63	94	125	155	186	216
26	143	174	202	233	3	34	64	95	126	156	187	217
27	144	175	203	234	4	35	65	96	127	157	188	218
28	145	176	204	235	5	36	66	97	128	158	189	219
29	146		205	236	6	37	67	98	129	159	190	220
30	147		206	237	7	38	68	99	130	160	191	221
31	148		207		8		69	100		161		222

1966(1914)年

	1月	2月	3月	4月	5月	6月	7月	8月	9月	10月	11月	12月
1	223	254	22	53	83	114	144	175	206	236	7	37
2	224	255	23	54	84	115	145	176	207	237	8	38
3	225	256	24	55	85	116	146	177	208	238	9	39
4	226	257	25	56	86	117	147	178	209	239	10	40
5	227	258	26	57	87	118	148	179	210	240	11	41
6	228	259	27	58	88	119	149	180	211	241	12	42
7	229	260	28	59	89	120	150	181	212	242	13	43
8	230	1	29	60	90	121	151	182	213	243	14	44
9	231	2	30	61	91	122	152	183	214	244	15	45
10	232	3	31	62	92	123	153	184	215	245	16	46
11	233	4	32	63	93	124	154	185	216	246	17	47
12	234	5	33	64	94	125	155	186	217	247	18	48
13	235	6	34	65	95	126	156	187	218	248	19	49
14	236	7	35	66	96	127	157	188	219	249	20	50
15	237	8	36	67	97	128	158	189	220	250	21	51
16	238	9	37	68	98	129	159	190	221	251	22	52
17	239	10	38	69	99	130	160	191	222	252	23	53
18	240	11	39	70	100	131	161	192	223	253	24	54
19	241	12	40	71	101	132	162	193	224	254	25	55
20	242	13	41	72	102	133	163	194	225	255	26	56
21	243	14	42	73	103	134	164	195	226	256	27	57
22	244	15	43	74	104	135	165	196	227	257	28	58
23	245	16	44	75	105	136	166	197	228	258	29	59
24	246	17	45	76	106	137	167	198	229	259	30	60
25	247	18	46	77	107	138	168	199	230	260	31	61
26	248	19	47	78	108	139	169	200	231	1	32	62
27	249	20	48	79	109	140	170	201	232	2	33	63
28	250	21	49	80	110	141	171	202	233	3	34	64
29	251		50	81	111	142	172	203	234	4	35	65
30	252		51	82	112	143	173	204	235	5	36	66
31	253		52		113		174	205		6		67

1967(1915)年

	1月	2月	3月	4月	5月	6月	7月	8月	9月	10月	11月	12月
1	68	99	127	158	188	219	249	20	51	81	112	142
2	69	100	128	159	189	220	250	21	52	82	113	143
3	70	101	129	160	190	221	251	22	53	83	114	144
4	71	102	130	161	191	222	252	23	54	84	115	145
5	72	103	131	162	192	223	253	24	55	85	116	146
6	73	104	132	163	193	224	254	25	56	86	117	147
7	74	105	133	164	194	225	255	26	57	87	118	148
8	75	106	134	165	195	226	256	27	58	88	119	149
9	76	107	135	166	196	227	257	28	59	89	120	150
10	77	108	136	167	197	228	258	29	60	90	121	151
11	78	109	137	168	198	229	259	30	61	91	122	152
12	79	110	138	169	199	230	260	31	62	92	123	153
13	80	111	139	170	200	231	1	32	63	93	124	154
14	81	112	140	171	201	232	2	33	64	94	125	155
15	82	113	141	172	202	233	3	34	65	95	126	156
16	83	114	142	173	203	234	4	35	66	96	127	157
17	84	115	143	174	204	235	5	36	67	97	128	158
18	85	116	144	175	205	236	6	37	68	98	129	159
19	86	117	145	176	206	237	7	38	69	99	130	160
20	87	118	146	177	207	238	8	39	70	100	131	161
21	88	119	147	178	208	239	9	40	71	101	132	162
22	89	120	148	179	209	240	10	41	72	102	133	163
23	90	121	149	180	210	241	11	42	73	103	134	164
24	91	122	150	181	211	242	12	43	74	104	135	165
25	92	123	151	182	212	243	13	44	75	105	136	166
26	93	124	152	183	213	244	14	45	76	106	137	167
27	94	125	153	184	214	245	15	46	77	107	138	168
28	95	126	154	185	215	246	16	47	78	108	139	169
29	96		155	186	216	247	17	48	79	109	140	170
30	97		156	187	217	248	18	49	80	110	141	171
31	98		157		218		19	50		111		172

1968(1916)年

	1月	2月	3月	4月	5月	6月	7月	8月	9月	10月	11月	12月
1	173	204	233	3	33	64	94	125	156	186	217	247
2	174	205	234	4	34	65	95	126	157	187	218	248
3	175	206	235	5	35	66	96	127	158	188	219	249
4	176	207	236	6	36	67	97	128	159	189	220	250
5	177	208	237	7	37	68	98	129	160	190	221	251
6	178	209	238	8	38	69	99	130	161	191	222	252
7	179	210	239	9	39	70	100	131	162	192	223	253
8	180	211	240	10	40	71	101	132	163	193	224	254
9	181	212	241	11	41	72	102	133	164	194	225	255
10	182	213	242	12	42	73	103	134	165	195	226	256
11	183	214	243	13	43	74	104	135	166	196	227	257
12	184	215	244	14	44	75	105	136	167	197	228	258
13	185	216	245	15	45	76	106	137	168	198	229	259
14	186	217	246	16	46	77	107	138	169	199	230	260
15	187	218	247	17	47	78	108	139	170	200	231	1
16	188	219	248	18	48	79	109	140	171	201	232	2
17	189	220	249	19	49	80	110	141	172	202	233	3
18	190	221	250	20	50	81	111	142	173	203	234	4
19	191	222	251	21	51	82	112	143	174	204	235	5
20	192	223	252	22	52	83	113	144	175	205	236	6
21	193	224	253	23	53	84	114	145	176	206	237	7
22	194	225	254	24	54	85	115	146	177	207	238	8
23	195	226	255	25	55	86	116	147	178	208	239	9
24	196	227	256	26	56	87	117	148	179	209	240	10
25	197	228	257	27	57	88	118	149	180	210	241	11
26	198	229	258	28	58	89	119	150	181	211	242	12
27	199	230	259	29	59	90	120	151	182	212	243	13
28	200	231	260	30	60	91	121	152	183	213	244	14
29	201	232	1	31	61	92	122	153	184	214	245	15
30	202		2	32	62	93	123	154	185	215	246	16
31	203		3		63		124	155		216		17

1969(1917)年

	1月	2月	3月	4月	5月	6月	7月	8月	9月	10月	11月	12月
1	18	49	77	108	138	169	199	230	1	31	62	92
2	19	50	78	109	139	170	200	231	2	32	63	93
3	20	51	79	110	140	171	201	232	3	33	64	94
4	21	52	80	111	141	172	202	233	4	34	65	95
5	22	53	81	112	142	173	203	234	5	35	66	96
6	23	54	82	113	143	174	204	235	6	36	67	97
7	24	55	83	114	144	175	205	236	7	37	68	98
8	25	56	84	115	145	176	206	237	8	38	69	99
9	26	57	85	116	146	177	207	238	9	39	70	100
10	27	58	86	117	147	178	208	239	10	40	71	101
11	28	59	87	118	148	179	209	240	11	41	72	102
12	29	60	88	119	149	180	210	241	12	42	73	103
13	30	61	89	120	150	181	211	242	13	43	74	104
14	31	62	90	121	151	182	212	243	14	44	75	105
15	32	63	91	122	152	183	213	244	15	45	76	106
16	33	64	92	123	153	184	214	245	16	46	77	107
17	34	65	93	124	154	185	215	246	17	47	78	108
18	35	66	94	125	155	186	216	247	18	48	79	109
19	36	67	95	126	156	187	217	248	19	49	80	110
20	37	68	96	127	157	188	218	249	20	50	81	111
21	38	69	97	128	158	189	219	250	21	51	82	112
22	39	70	98	129	159	190	220	251	22	52	83	113
23	40	71	99	130	160	191	221	252	23	53	84	114
24	41	72	100	131	161	192	222	253	24	54	85	115
25	42	73	101	132	162	193	223	254	25	55	86	116
26	43	74	102	133	163	194	224	255	26	56	87	117
27	44	75	103	134	164	195	225	256	27	57	88	118
28	45	76	104	135	165	196	226	257	28	58	89	119
29	46		105	136	166	197	227	258	29	59	90	120
30	47		106	137	167	198	228	259	30	60	91	121
31	48		107		168		229	260		61		122

1970(1918)年

	1月	2月	3月	4月	5月	6月	7月	8月	9月	10月	11月	12月
1	123	154	182	213	243	14	44	75	106	136	167	197
2	124	155	183	214	244	15	45	76	107	137	168	198
3	125	156	184	215	245	16	46	77	108	138	169	199
4	126	157	185	216	246	17	47	78	109	139	170	200
5	127	158	186	217	247	18	48	79	110	140	171	201
6	128	159	187	218	248	19	49	80	111	141	172	202
7	129	160	188	219	249	20	50	81	112	142	173	203
8	130	161	189	220	250	21	51	82	113	143	174	204
9	131	162	190	221	251	22	52	83	114	144	175	205
10	132	163	191	222	252	23	53	84	115	145	176	206
11	133	164	192	223	253	24	54	85	116	146	177	207
12	134	165	193	224	254	25	55	86	117	147	178	208
13	135	166	194	225	255	26	56	87	118	148	179	209
14	136	167	195	226	256	27	57	88	119	149	180	210
15	137	168	196	227	257	28	58	89	120	150	181	211
16	138	169	197	228	258	29	59	90	121	151	182	212
17	139	170	198	229	259	30	60	91	122	152	183	213
18	140	171	199	230	260	31	61	92	123	153	184	214
19	141	172	200	231	1	32	62	93	124	154	185	215
20	142	173	201	232	2	33	63	94	125	155	186	216
21	143	174	202	233	3	34	64	95	126	156	187	217
22	144	175	203	234	4	35	65	96	127	157	188	218
23	145	176	204	235	5	36	66	97	128	158	189	219
24	146	177	205	236	6	37	67	98	129	159	190	220
25	147	178	206	237	7	38	68	99	130	160	191	221
26	148	179	207	238	8	39	69	100	131	161	192	222
27	149	180	208	239	9	40	70	101	132	162	193	223
28	150	181	209	240	10	41	71	102	133	163	194	224
29	151		210	241	11	42	72	103	134	164	195	225
30	152		211	242	12	43	73	104	135	165	196	226
31	153		212		13		74	105		166		227

1971(1919)年

	1月	2月	3月	4月	5月	6月	7月	8月	9月	10月	11月	12月
1	228	259	27	58	88	119	149	180	211	241	12	42
2	229	260	28	59	89	120	150	181	212	242	13	43
3	230	1	29	60	90	121	151	182	213	243	14	44
4	231	2	30	61	91	122	152	183	214	244	15	45
5	232	3	31	62	92	123	153	184	215	245	16	46
6	233	4	32	63	93	124	154	185	216	246	17	47
7	234	5	33	64	94	125	155	186	217	247	18	48
8	235	6	34	65	95	126	156	187	218	248	19	49
9	236	7	35	66	96	127	157	188	219	249	20	50
10	237	8	36	67	97	128	158	189	220	250	21	51
11	238	9	37	68	98	129	159	190	221	251	22	52
12	239	10	38	69	99	130	160	191	222	252	23	53
13	240	11	39	70	100	131	161	192	223	253	24	54
14	241	12	40	71	101	132	162	193	224	254	25	55
15	242	13	41	72	102	133	163	194	225	255	26	56
16	243	14	42	73	103	134	164	195	226	256	27	57
17	244	15	43	74	104	135	165	196	227	257	28	58
18	245	16	44	75	105	136	166	197	228	258	29	59
19	246	17	45	76	106	137	167	198	229	259	30	60
20	247	18	46	77	107	138	168	199	230	260	31	61
21	248	19	47	78	108	139	169	200	231	1	32	62
22	249	20	48	79	109	140	170	201	232	2	33	63
23	250	21	49	80	110	141	171	202	233	3	34	64
24	251	22	50	81	111	142	172	203	234	4	35	65
25	252	23	51	82	112	143	173	204	235	5	36	66
26	253	24	52	83	113	144	174	205	236	6	37	67
27	254	25	53	84	114	145	175	206	237	7	38	68
28	255	26	54	85	115	146	176	207	238	8	39	69
29	256		55	86	116	147	177	208	239	9	40	70
30	257		56	87	117	148	178	209	240	10	41	71
31	258		57		118		179	210		11		72

西暦とマヤ暦の対照表

1972(1920)年

	1月	2月	3月	4月	5月	6月	7月	8月	9月	10月	11月	12月
1	73	104	133	163	193	224	254	25	56	86	117	147
2	74	105	134	164	194	225	255	26	57	87	118	148
3	75	106	135	165	195	226	256	27	58	88	119	149
4	76	107	136	166	196	227	257	28	59	89	120	150
5	77	108	137	167	197	228	258	29	60	90	121	151
6	78	109	138	168	198	229	259	30	61	91	122	152
7	79	110	139	169	199	230	260	31	62	92	123	153
8	80	111	140	170	200	231	1	32	63	93	124	154
9	81	112	141	171	201	232	2	33	64	94	125	155
10	82	113	142	172	202	233	3	34	65	95	126	156
11	83	114	143	173	203	234	4	35	66	96	127	157
12	84	115	144	174	204	235	5	36	67	97	128	158
13	85	116	145	175	205	236	6	37	68	98	129	159
14	86	117	146	176	206	237	7	38	69	99	130	160
15	87	118	147	177	207	238	8	39	70	100	131	161
16	88	119	148	178	208	239	9	40	71	101	132	162
17	89	120	149	179	209	240	10	41	72	102	133	163
18	90	121	150	180	210	241	11	42	73	103	134	164
19	91	122	151	181	211	242	12	43	74	104	135	165
20	92	123	152	182	212	243	13	44	75	105	136	166
21	93	124	153	183	213	244	14	45	76	106	137	167
22	94	125	154	184	214	245	15	46	77	107	138	168
23	95	126	155	185	215	246	16	47	78	108	139	169
24	96	127	156	186	216	247	17	48	79	109	140	170
25	97	128	157	187	217	248	18	49	80	110	141	171
26	98	129	158	188	218	249	19	50	81	111	142	172
27	99	130	159	189	219	250	20	51	82	112	143	173
28	100	131	160	190	220	251	21	52	83	113	144	174
29	101	132	161	191	221	252	22	53	84	114	145	175
30	102		162	192	222	253	23	54	85	115	146	176
31	103		163		223		24	55		116		177

1973(1921)年

	1月	2月	3月	4月	5月	6月	7月	8月	9月	10月	11月	12月
1	178	209	237	8	38	69	99	130	161	191	222	252
2	179	210	238	9	39	70	100	131	162	192	223	253
3	180	211	239	10	40	71	101	132	163	193	224	254
4	181	212	240	11	41	72	102	133	164	194	225	255
5	182	213	241	12	42	73	103	134	165	195	226	256
6	183	214	242	13	43	74	104	135	166	196	227	257
7	184	215	243	14	44	75	105	136	167	197	228	258
8	185	216	244	15	45	76	106	137	168	198	229	259
9	186	217	245	16	46	77	107	138	169	199	230	260
10	187	218	246	17	47	78	108	139	170	200	231	1
11	188	219	247	18	48	79	109	140	171	201	232	2
12	189	220	248	19	49	80	110	141	172	202	233	3
13	190	221	249	20	50	81	111	142	173	203	234	4
14	191	222	250	21	51	82	112	143	174	204	235	5
15	192	223	251	22	52	83	113	144	175	205	236	6
16	193	224	252	23	53	84	114	145	176	206	237	7
17	194	225	253	24	54	85	115	146	177	207	238	8
18	195	226	254	25	55	86	116	147	178	208	239	9
19	196	227	255	26	56	87	117	148	179	209	240	10
20	197	228	256	27	57	88	118	149	180	210	241	11
21	198	229	257	28	58	89	119	150	181	211	242	12
22	199	230	258	29	59	90	120	151	182	212	243	13
23	200	231	259	30	60	91	121	152	183	213	244	14
24	201	232	260	31	61	92	122	153	184	214	245	15
25	202	233	1	32	62	93	123	154	185	215	246	16
26	203	234	2	33	63	94	124	155	186	216	247	17
27	204	235	3	34	64	95	125	156	187	217	248	18
28	205	236	4	35	65	96	126	157	188	218	249	19
29	206		5	36	66	97	127	158	189	219	250	20
30	207		6	37	67	98	128	159	190	220	251	21
31	208		7		68		129	160		221		22

1974(1922)年

	1月	2月	3月	4月	5月	6月	7月	8月	9月	10月	11月	12月
1	23	54	82	113	143	174	204	235	6	36	67	97
2	24	55	83	114	144	175	205	236	7	37	68	98
3	25	56	84	115	145	176	206	237	8	38	69	99
4	26	57	85	116	146	177	207	238	9	39	70	100
5	27	58	86	117	147	178	208	239	10	40	71	101
6	28	59	87	118	148	179	209	240	11	41	72	102
7	29	60	88	119	149	180	210	241	12	42	73	103
8	30	61	89	120	150	181	211	242	13	43	74	104
9	31	62	90	121	151	182	212	243	14	44	75	105
10	32	63	91	122	152	183	213	244	15	45	76	106
11	33	64	92	123	153	184	214	245	16	46	77	107
12	34	65	93	124	154	185	215	246	17	47	78	108
13	35	66	94	125	155	186	216	247	18	48	79	109
14	36	67	95	126	156	187	217	248	19	49	80	110
15	37	68	96	127	157	188	218	249	20	50	81	111
16	38	69	97	128	158	189	219	250	21	51	82	112
17	39	70	98	129	159	190	220	251	22	52	83	113
18	40	71	99	130	160	191	221	252	23	53	84	114
19	41	72	100	131	161	192	222	253	24	54	85	115
20	42	73	101	132	162	193	223	254	25	55	86	116
21	43	74	102	133	163	194	224	255	26	56	87	117
22	44	75	103	134	164	195	225	256	27	57	88	118
23	45	76	104	135	165	196	226	257	28	58	89	119
24	46	77	105	136	166	197	227	258	29	59	90	120
25	47	78	106	137	167	198	228	259	30	60	91	121
26	48	79	107	138	168	199	229	260	31	61	92	122
27	49	80	108	139	169	200	230	1	32	62	93	123
28	50	81	109	140	170	201	231	2	33	63	94	124
29	51		110	141	171	202	232	3	34	64	95	125
30	52		111	142	172	203	233	4	35	65	96	126
31	53		112		173		234	5		66		127

1975(1923)年

	1月	2月	3月	4月	5月	6月	7月	8月	9月	10月	11月	12月
1	128	159	187	218	248	19	49	80	111	141	172	202
2	129	160	188	219	249	20	50	81	112	142	173	203
3	130	161	189	220	250	21	51	82	113	143	174	204
4	131	162	190	221	251	22	52	83	114	144	175	205
5	132	163	191	222	252	23	53	84	115	145	176	206
6	133	164	192	223	253	24	54	85	116	146	177	207
7	134	165	193	224	254	25	55	86	117	147	178	208
8	135	166	194	225	255	26	56	87	118	148	179	209
9	136	167	195	226	256	27	57	88	119	149	180	210
10	137	168	196	227	257	28	58	89	120	150	181	211
11	138	169	197	228	258	29	59	90	121	151	182	212
12	139	170	198	229	259	30	60	91	122	152	183	213
13	140	171	199	230	260	31	61	92	123	153	184	214
14	141	172	200	231	1	32	62	93	124	154	185	215
15	142	173	201	232	2	33	63	94	125	155	186	216
16	143	174	202	233	3	34	64	95	126	156	187	217
17	144	175	203	234	4	35	65	96	127	157	188	218
18	145	176	204	235	5	36	66	97	128	158	189	219
19	146	177	205	236	6	37	67	98	129	159	190	220
20	147	178	206	237	7	38	68	99	130	160	191	221
21	148	179	207	238	8	39	69	100	131	161	192	222
22	149	180	208	239	9	40	70	101	132	162	193	223
23	150	181	209	240	10	41	71	102	133	163	194	224
24	151	182	210	241	11	42	72	103	134	164	195	225
25	152	183	211	242	12	43	73	104	135	165	196	226
26	153	184	212	243	13	44	74	105	136	166	197	227
27	154	185	213	244	14	45	75	106	137	167	198	228
28	155	186	214	245	15	46	76	107	138	168	199	229
29	156		215	246	16	47	77	108	139	169	200	230
30	157		216	247	17	48	78	109	140	170	201	231
31	158		217		18		79	110		171		232

西暦とマヤ暦の対照表

1976(1924)年

	1月	2月	3月	4月	5月	6月	7月	8月	9月	10月	11月	12月
1	233	4	33	63	93	124	154	185	216	246	17	47
2	234	5	34	64	94	125	155	186	217	247	18	48
3	235	6	35	65	95	126	156	187	218	248	19	49
4	236	7	36	66	96	127	157	188	219	249	20	50
5	237	8	37	67	97	128	158	189	220	250	21	51
6	238	9	38	68	98	129	159	190	221	251	22	52
7	239	10	39	69	99	130	160	191	222	252	23	53
8	240	11	40	70	100	131	161	192	223	253	24	54
9	241	12	41	71	101	132	162	193	224	254	25	55
10	242	13	42	72	102	133	163	194	225	255	26	56
11	243	14	43	73	103	134	164	195	226	256	27	57
12	244	15	44	74	104	135	165	196	227	257	28	58
13	245	16	45	75	105	136	166	197	228	258	29	59
14	246	17	46	76	106	137	167	198	229	259	30	60
15	247	18	47	77	107	138	168	199	230	260	31	61
16	248	19	48	78	108	139	169	200	231	1	32	62
17	249	20	49	79	109	140	170	201	232	2	33	63
18	250	21	50	80	110	141	171	202	233	3	34	64
19	251	22	51	81	111	142	172	203	234	4	35	65
20	252	23	52	82	112	143	173	204	235	5	36	66
21	253	24	53	83	113	144	174	205	236	6	37	67
22	254	25	54	84	114	145	175	206	237	7	38	68
23	255	26	55	85	115	146	176	207	238	8	39	69
24	256	27	56	86	116	147	177	208	239	9	40	70
25	257	28	57	87	117	148	178	209	240	10	41	71
26	258	29	58	88	118	149	179	210	241	11	42	72
27	259	30	59	89	119	150	180	211	242	12	43	73
28	260	31	60	90	120	151	181	212	243	13	44	74
29	1	32	61	91	121	152	182	213	244	14	45	75
30	2		62	92	122	153	183	214	245	15	46	76
31	3		63		123		184	215		16		77

1977(1925)年

	1月	2月	3月	4月	5月	6月	7月	8月	9月	10月	11月	12月
1	78	109	137	168	198	229	259	30	61	91	122	152
2	79	110	138	169	199	230	260	31	62	92	123	153
3	80	111	139	170	200	231	1	32	63	93	124	154
4	81	112	140	171	201	232	2	33	64	94	125	155
5	82	113	141	172	202	233	3	34	65	95	126	156
6	83	114	142	173	203	234	4	35	66	96	127	157
7	84	115	143	174	204	235	5	36	67	97	128	158
8	85	116	144	175	205	236	6	37	68	98	129	159
9	86	117	145	176	206	237	7	38	69	99	130	160
10	87	118	146	177	207	238	8	39	70	100	131	161
11	88	119	147	178	208	239	9	40	71	101	132	162
12	89	120	148	179	209	240	10	41	72	102	133	163
13	90	121	149	180	210	241	11	42	73	103	134	164
14	91	122	150	181	211	242	12	43	74	104	135	165
15	92	123	151	182	212	243	13	44	75	105	136	166
16	93	124	152	183	213	244	14	45	76	106	137	167
17	94	125	153	184	214	245	15	46	77	107	138	168
18	95	126	154	185	215	246	16	47	78	108	139	169
19	96	127	155	186	216	247	17	48	79	109	140	170
20	97	128	156	187	217	248	18	49	80	110	141	171
21	98	129	157	188	218	249	19	50	81	111	142	172
22	99	130	158	189	219	250	20	51	82	112	143	173
23	100	131	159	190	220	251	21	52	83	113	144	174
24	101	132	160	191	221	252	22	53	84	114	145	175
25	102	133	161	192	222	253	23	54	85	115	146	176
26	103	134	162	193	223	254	24	55	86	116	147	177
27	104	135	163	194	224	255	25	56	87	117	148	178
28	105	136	164	195	225	256	26	57	88	118	149	179
29	106		165	196	226	257	27	58	89	119	150	180
30	107		166	197	227	258	28	59	90	120	151	181
31	108		167		228		29	60		121		182

1978(1926)年

	1月	2月	3月	4月	5月	6月	7月	8月	9月	10月	11月	12月
1	183	214	242	13	43	74	104	135	166	196	227	257
2	184	215	243	14	44	75	105	136	167	197	228	258
3	185	216	244	15	45	76	106	137	168	198	229	259
4	186	217	245	16	46	77	107	138	169	199	230	260
5	187	218	246	17	47	78	108	139	170	200	231	1
6	188	219	247	18	48	79	109	140	171	201	232	2
7	189	220	248	19	49	80	110	141	172	202	233	3
8	190	221	249	20	50	81	111	142	173	203	234	4
9	191	222	250	21	51	82	112	143	174	204	235	5
10	192	223	251	22	52	83	113	144	175	205	236	6
11	193	224	252	23	53	84	114	145	176	206	237	7
12	194	225	253	24	54	85	115	146	177	207	238	8
13	195	226	254	25	55	86	116	147	178	208	239	9
14	196	227	255	26	56	87	117	148	179	209	240	10
15	197	228	256	27	57	88	118	149	180	210	241	11
16	198	229	257	28	58	89	119	150	181	211	242	12
17	199	230	258	29	59	90	120	151	182	212	243	13
18	200	231	259	30	60	91	121	152	183	213	244	14
19	201	232	260	31	61	92	122	153	184	214	245	15
20	202	233	1	32	62	93	123	154	185	215	246	16
21	203	234	2	33	63	94	124	155	186	216	247	17
22	204	235	3	34	64	95	125	156	187	217	248	18
23	205	236	4	35	65	96	126	157	188	218	249	19
24	206	237	5	36	66	97	127	158	189	219	250	20
25	207	238	6	37	67	98	128	159	190	220	251	21
26	208	239	7	38	68	99	129	160	191	221	252	22
27	209	240	8	39	69	100	130	161	192	222	253	23
28	210	241	9	40	70	101	131	162	193	223	254	24
29	211		10	41	71	102	132	163	194	224	255	25
30	212		11	42	72	103	133	164	195	225	256	26
31	213		12		73		134	165		226		27

1979(1927)年

	1月	2月	3月	4月	5月	6月	7月	8月	9月	10月	11月	12月
1	28	59	87	118	148	179	209	240	11	41	72	102
2	29	60	88	119	149	180	210	241	12	42	73	103
3	30	61	89	120	150	181	211	242	13	43	74	104
4	31	62	90	121	151	182	212	243	14	44	75	105
5	32	63	91	122	152	183	213	244	15	45	76	106
6	33	64	92	123	153	184	214	245	16	46	77	107
7	34	65	93	124	154	185	215	246	17	47	78	108
8	35	66	94	125	155	186	216	247	18	48	79	109
9	36	67	95	126	156	187	217	248	19	49	80	110
10	37	68	96	127	157	188	218	249	20	50	81	111
11	38	69	97	128	158	189	219	250	21	51	82	112
12	39	70	98	129	159	190	220	251	22	52	83	113
13	40	71	99	130	160	191	221	252	23	53	84	114
14	41	72	100	131	161	192	222	253	24	54	85	115
15	42	73	101	132	162	193	223	254	25	55	86	116
16	43	74	102	133	163	194	224	255	26	56	87	117
17	44	75	103	134	164	195	225	256	27	57	88	118
18	45	76	104	135	165	196	226	257	28	58	89	119
19	46	77	105	136	166	197	227	258	29	59	90	120
20	47	78	106	137	167	198	228	259	30	60	91	121
21	48	79	107	138	168	199	229	260	31	61	92	122
22	49	80	108	139	169	200	230	1	32	62	93	123
23	50	81	109	140	170	201	231	2	33	63	94	124
24	51	82	110	141	171	202	232	3	34	64	95	125
25	52	83	111	142	172	203	233	4	35	65	96	126
26	53	84	112	143	173	204	234	5	36	66	97	127
27	54	85	113	144	174	205	235	6	37	67	98	128
28	55	86	114	145	175	206	236	7	38	68	99	129
29	56		115	146	176	207	237	8	39	69	100	130
30	57		116	147	177	208	238	9	40	70	101	131
31	58		117		178		239	10		71		132

西暦とマヤ暦の対照表

1980(1928)年

	1月	2月	3月	4月	5月	6月	7月	8月	9月	10月	11月	12月
1	133	164	193	223	253	24	54	85	116	146	177	207
2	134	165	194	224	254	25	55	86	117	147	178	208
3	135	166	195	225	255	26	56	87	118	148	179	209
4	136	167	196	226	256	27	57	88	119	149	180	210
5	137	168	197	227	257	28	58	89	120	150	181	211
6	138	169	198	228	258	29	59	90	121	151	182	212
7	139	170	199	229	259	30	60	91	122	152	183	213
8	140	171	200	230	260	31	61	92	123	153	184	214
9	141	172	201	231	1	32	62	93	124	154	185	215
10	142	173	202	232	2	33	63	94	125	155	186	216
11	143	174	203	233	3	34	64	95	126	156	187	217
12	144	175	204	234	4	35	65	96	127	157	188	218
13	145	176	205	235	5	36	66	97	128	158	189	219
14	146	177	206	236	6	37	67	98	129	159	190	220
15	147	178	207	237	7	38	68	99	130	160	191	221
16	148	179	208	238	8	39	69	100	131	161	192	222
17	149	180	209	239	9	40	70	101	132	162	193	223
18	150	181	210	240	10	41	71	102	133	163	194	224
19	151	182	211	241	11	42	72	103	134	164	195	225
20	152	183	212	242	12	43	73	104	135	165	196	226
21	153	184	213	243	13	44	74	105	136	166	197	227
22	154	185	214	244	14	45	75	106	137	167	198	228
23	155	186	215	245	15	46	76	107	138	168	199	229
24	156	187	216	246	16	47	77	108	139	169	200	230
25	157	188	217	247	17	48	78	109	140	170	201	231
26	158	189	218	248	18	49	79	110	141	171	202	232
27	159	190	219	249	19	50	80	111	142	172	203	233
28	160	191	220	250	20	51	81	112	143	173	204	234
29	161	192	221	251	21	52	82	113	144	174	205	235
30	162		222	252	22	53	83	114	145	175	206	236
31	163		223		23		84	115		176		237

1981(1929)年

	1月	2月	3月	4月	5月	6月	7月	8月	9月	10月	11月	12月
1	238	9	37	68	98	129	159	190	221	251	22	52
2	239	10	38	69	99	130	160	191	222	252	23	53
3	240	11	39	70	100	131	161	192	223	253	24	54
4	241	12	40	71	101	132	162	193	224	254	25	55
5	242	13	41	72	102	133	163	194	225	255	26	56
6	243	14	42	73	103	134	164	195	226	256	27	57
7	244	15	43	74	104	135	165	196	227	257	28	58
8	245	16	44	75	105	136	166	197	228	258	29	59
9	246	17	45	76	106	137	167	198	229	259	30	60
10	247	18	46	77	107	138	168	199	230	260	31	61
11	248	19	47	78	108	139	169	200	231	1	32	62
12	249	20	48	79	109	140	170	201	232	2	33	63
13	250	21	49	80	110	141	171	202	233	3	34	64
14	251	22	50	81	111	142	172	203	234	4	35	65
15	252	23	51	82	112	143	173	204	235	5	36	66
16	253	24	52	83	113	144	174	205	236	6	37	67
17	254	25	53	84	114	145	175	206	237	7	38	68
18	255	26	54	85	115	146	176	207	238	8	39	69
19	256	27	55	86	116	147	177	208	239	9	40	70
20	257	28	56	87	117	148	178	209	240	10	41	71
21	258	29	57	88	118	149	179	210	241	11	42	72
22	259	30	58	89	119	150	180	211	242	12	43	73
23	260	31	59	90	120	151	181	212	243	13	44	74
24	1	32	60	91	121	152	182	213	244	14	45	75
25	2	33	61	92	122	153	183	214	245	15	46	76
26	3	34	62	93	123	154	184	215	246	16	47	77
27	4	35	63	94	124	155	185	216	247	17	48	78
28	5	36	64	95	125	156	186	217	248	18	49	79
29	6		65	96	126	157	187	218	249	19	50	80
30	7		66	97	127	158	188	219	250	20	51	81
31	8		67		128		189	220		21		82

1982（1930）年

	1月	2月	3月	4月	5月	6月	7月	8月	9月	10月	11月	12月
1	83	114	142	173	203	234	4	35	66	96	127	157
2	84	115	143	174	204	235	5	36	67	97	128	158
3	85	116	144	175	205	236	6	37	68	98	129	159
4	86	117	145	176	206	237	7	38	69	99	130	160
5	87	118	146	177	207	238	8	39	70	100	131	161
6	88	119	147	178	208	239	9	40	71	101	132	162
7	89	120	148	179	209	240	10	41	72	102	133	163
8	90	121	149	180	210	241	11	42	73	103	134	164
9	91	122	150	181	211	242	12	43	74	104	135	165
10	92	123	151	182	212	243	13	44	75	105	136	166
11	93	124	152	183	213	244	14	45	76	106	137	167
12	94	125	153	184	214	245	15	46	77	107	138	168
13	95	126	154	185	215	246	16	47	78	108	139	169
14	96	127	155	186	216	247	17	48	79	109	140	170
15	97	128	156	187	217	248	18	49	80	110	141	171
16	98	129	157	188	218	249	19	50	81	111	142	172
17	99	130	158	189	219	250	20	51	82	112	143	173
18	100	131	159	190	220	251	21	52	83	113	144	174
19	101	132	160	191	221	252	22	53	84	114	145	175
20	102	133	161	192	222	253	23	54	85	115	146	176
21	103	134	162	193	223	254	24	55	86	116	147	177
22	104	135	163	194	224	255	25	56	87	117	148	178
23	105	136	164	195	225	256	26	57	88	118	149	179
24	106	137	165	196	226	257	27	58	89	119	150	180
25	107	138	166	197	227	258	28	59	90	120	151	181
26	108	139	167	198	228	259	29	60	91	121	152	182
27	109	140	168	199	229	260	30	61	92	122	153	183
28	110	141	169	200	230	1	31	62	93	123	154	184
29	111		170	201	231	2	32	63	94	124	155	185
30	112		171	202	232	3	33	64	95	125	156	186
31	113		172		233		34	65		126		187

1983（1931）年

	1月	2月	3月	4月	5月	6月	7月	8月	9月	10月	11月	12月
1	188	219	247	18	48	79	109	140	171	201	232	2
2	189	220	248	19	49	80	110	141	172	202	233	3
3	190	221	249	20	50	81	111	142	173	203	234	4
4	191	222	250	21	51	82	112	143	174	204	235	5
5	192	223	251	22	52	83	113	144	175	205	236	6
6	193	224	252	23	53	84	114	145	176	206	237	7
7	194	225	253	24	54	85	115	146	177	207	238	8
8	195	226	254	25	55	86	116	147	178	208	239	9
9	196	227	255	26	56	87	117	148	179	209	240	10
10	197	228	256	27	57	88	118	149	180	210	241	11
11	198	229	257	28	58	89	119	150	181	211	242	12
12	199	230	258	29	59	90	120	151	182	212	243	13
13	200	231	259	30	60	91	121	152	183	213	244	14
14	201	232	260	31	61	92	122	153	184	214	245	15
15	202	233	1	32	62	93	123	154	185	215	246	16
16	203	234	2	33	63	94	124	155	186	216	247	17
17	204	235	3	34	64	95	125	156	187	217	248	18
18	205	236	4	35	65	96	126	157	188	218	249	19
19	206	237	5	36	66	97	127	158	189	219	250	20
20	207	238	6	37	67	98	128	159	190	220	251	21
21	208	239	7	38	68	99	129	160	191	221	252	22
22	209	240	8	39	69	100	130	161	192	222	253	23
23	210	241	9	40	70	101	131	162	193	223	254	24
24	211	242	10	41	71	102	132	163	194	224	255	25
25	212	243	11	42	72	103	133	164	195	225	256	26
26	213	244	12	43	73	104	134	165	196	226	257	27
27	214	245	13	44	74	105	135	166	197	227	258	28
28	215	246	14	45	75	106	136	167	198	228	259	29
29	216		15	46	76	107	137	168	199	229	260	30
30	217		16	47	77	108	138	169	200	230	1	31
31	218		17		78		139	170		231		32

西暦とマヤ暦の対照表

1984(1932)年

	1月	2月	3月	4月	5月	6月	7月	8月	9月	10月	11月	12月
1	33	64	93	123	153	184	214	245	16	46	77	107
2	34	65	94	124	154	185	215	246	17	47	78	108
3	35	66	95	125	155	186	216	247	18	48	79	109
4	36	67	96	126	156	187	217	248	19	49	80	110
5	37	68	97	127	157	188	218	249	20	50	81	111
6	38	69	98	128	158	189	219	250	21	51	82	112
7	39	70	99	129	159	190	220	251	22	52	83	113
8	40	71	100	130	160	191	221	252	23	53	84	114
9	41	72	101	131	161	192	222	253	24	54	85	115
10	42	73	102	132	162	193	223	254	25	55	86	116
11	43	74	103	133	163	194	224	255	26	56	87	117
12	44	75	104	134	164	195	225	256	27	57	88	118
13	45	76	105	135	165	196	226	257	28	58	89	119
14	46	77	106	136	166	197	227	258	29	59	90	120
15	47	78	107	137	167	198	228	259	30	60	91	121
16	48	79	108	138	168	199	229	260	31	61	92	122
17	49	80	109	139	169	200	230	1	32	62	93	123
18	50	81	110	140	170	201	231	2	33	63	94	124
19	51	82	111	141	171	202	232	3	34	64	95	125
20	52	83	112	142	172	203	233	4	35	65	96	126
21	53	84	113	143	173	204	234	5	36	66	97	127
22	54	85	114	144	174	205	235	6	37	67	98	128
23	55	86	115	145	175	206	236	7	38	68	99	129
24	56	87	116	146	176	207	237	8	39	69	100	130
25	57	88	117	147	177	208	238	9	40	70	101	131
26	58	89	118	148	178	209	239	10	41	71	102	132
27	59	90	119	149	179	210	240	11	42	72	103	133
28	60	91	120	150	180	211	241	12	43	73	104	134
29	61	92	121	151	181	212	242	13	44	74	105	135
30	62		122	152	182	213	243	14	45	75	106	136
31	63		123		183		244	15		76		137

1985(1933)年

	1月	2月	3月	4月	5月	6月	7月	8月	9月	10月	11月	12月
1	138	169	197	228	258	29	59	90	121	151	182	212
2	139	170	198	229	259	30	60	91	122	152	183	213
3	140	171	199	230	260	31	61	92	123	153	184	214
4	141	172	200	231	1	32	62	93	124	154	185	215
5	142	173	201	232	2	33	63	94	125	155	186	216
6	143	174	202	233	3	34	64	95	126	156	187	217
7	144	175	203	234	4	35	65	96	127	157	188	218
8	145	176	204	235	5	36	66	97	128	158	189	219
9	146	177	205	236	6	37	67	98	129	159	190	220
10	147	178	206	237	7	38	68	99	130	160	191	221
11	148	179	207	238	8	39	69	100	131	161	192	222
12	149	180	208	239	9	40	70	101	132	162	193	223
13	150	181	209	240	10	41	71	102	133	163	194	224
14	151	182	210	241	11	42	72	103	134	164	195	225
15	152	183	211	242	12	43	73	104	135	165	196	226
16	153	184	212	243	13	44	74	105	136	166	197	227
17	154	185	213	244	14	45	75	106	137	167	198	228
18	155	186	214	245	15	46	76	107	138	168	199	229
19	156	187	215	246	16	47	77	108	139	169	200	230
20	157	188	216	247	17	48	78	109	140	170	201	231
21	158	189	217	248	18	49	79	110	141	171	202	232
22	159	190	218	249	19	50	80	111	142	172	203	233
23	160	191	219	250	20	51	81	112	143	173	204	234
24	161	192	220	251	21	52	82	113	144	174	205	235
25	162	193	221	252	22	53	83	114	145	175	206	236
26	163	194	222	253	23	54	84	115	146	176	207	237
27	164	195	223	254	24	55	85	116	147	177	208	238
28	165	196	224	255	25	56	86	117	148	178	209	239
29	166		225	256	26	57	87	118	149	179	210	240
30	167		226	257	27	58	88	119	150	180	211	241
31	168		227		28		89	120		181		242

1986(1934)年

	1月	2月	3月	4月	5月	6月	7月	8月	9月	10月	11月	12月
1	243	14	42	73	103	134	164	195	226	256	27	57
2	244	15	43	74	104	135	165	196	227	257	28	58
3	245	16	44	75	105	136	166	197	228	258	29	59
4	246	17	45	76	106	137	167	198	229	259	30	60
5	247	18	46	77	107	138	168	199	230	260	31	61
6	248	19	47	78	108	139	169	200	231	1	32	62
7	249	20	48	79	109	140	170	201	232	2	33	63
8	250	21	49	80	110	141	171	202	233	3	34	64
9	251	22	50	81	111	142	172	203	234	4	35	65
10	252	23	51	82	112	143	173	204	235	5	36	66
11	253	24	52	83	113	144	174	205	236	6	37	67
12	254	25	53	84	114	145	175	206	237	7	38	68
13	255	26	54	85	115	146	176	207	238	8	39	69
14	256	27	55	86	116	147	177	208	239	9	40	70
15	257	28	56	87	117	148	178	209	240	10	41	71
16	258	29	57	88	118	149	179	210	241	11	42	72
17	259	30	58	89	119	150	180	211	242	12	43	73
18	260	31	59	90	120	151	181	212	243	13	44	74
19	1	32	60	91	121	152	182	213	244	14	45	75
20	2	33	61	92	122	153	183	214	245	15	46	76
21	3	34	62	93	123	154	184	215	246	16	47	77
22	4	35	63	94	124	155	185	216	247	17	48	78
23	5	36	64	95	125	156	186	217	248	18	49	79
24	6	37	65	96	126	157	187	218	249	19	50	80
25	7	38	66	97	127	158	188	219	250	20	51	81
26	8	39	67	98	128	159	189	220	251	21	52	82
27	9	40	68	99	129	160	190	221	252	22	53	83
28	10	41	69	100	130	161	191	222	253	23	54	84
29	11		70	101	131	162	192	223	254	24	55	85
30	12		71	102	132	163	193	224	255	25	56	86
31	13		72		133		194	225		26		87

1987(1935)年

	1月	2月	3月	4月	5月	6月	7月	8月	9月	10月	11月	12月
1	88	119	147	178	208	239	9	40	71	101	132	162
2	89	120	148	179	209	240	10	41	72	102	133	163
3	90	121	149	180	210	241	11	42	73	103	134	164
4	91	122	150	181	211	242	12	43	74	104	135	165
5	92	123	151	182	212	243	13	44	75	105	136	166
6	93	124	152	183	213	244	14	45	76	106	137	167
7	94	125	153	184	214	245	15	46	77	107	138	168
8	95	126	154	185	215	246	16	47	78	108	139	169
9	96	127	155	186	216	247	17	48	79	109	140	170
10	97	128	156	187	217	248	18	49	80	110	141	171
11	98	129	157	188	218	249	19	50	81	111	142	172
12	99	130	158	189	219	250	20	51	82	112	143	173
13	100	131	159	190	220	251	21	52	83	113	144	174
14	101	132	160	191	221	252	22	53	84	114	145	175
15	102	133	161	192	222	253	23	54	85	115	146	176
16	103	134	162	193	223	254	24	55	86	116	147	177
17	104	135	163	194	224	255	25	56	87	117	148	178
18	105	136	164	195	225	256	26	57	88	118	149	179
19	106	137	165	196	226	257	27	58	89	119	150	180
20	107	138	166	197	227	258	28	59	90	120	151	181
21	108	139	167	198	228	259	29	60	91	121	152	182
22	109	140	168	199	229	260	30	61	92	122	153	183
23	110	141	169	200	230	1	31	62	93	123	154	184
24	111	142	170	201	231	2	32	63	94	124	155	185
25	112	143	171	202	232	3	33	64	95	125	156	186
26	113	144	172	203	233	4	34	65	96	126	157	187
27	114	145	173	204	234	5	35	66	97	127	158	188
28	115	146	174	205	235	6	36	67	98	128	159	189
29	116		175	206	236	7	37	68	99	129	160	190
30	117		176	207	237	8	38	69	100	130	161	191
31	118		177		238		39	70		131		192

西暦とマヤ暦の対照表

1988(1936)年

	1月	2月	3月	4月	5月	6月	7月	8月	9月	10月	11月	12月
1	193	224	253	23	53	84	114	145	176	206	237	7
2	194	225	254	24	54	85	115	146	177	207	238	8
3	195	226	255	25	55	86	116	147	178	208	239	9
4	196	227	256	26	56	87	117	148	179	209	240	10
5	197	228	257	27	57	88	118	149	180	210	241	11
6	198	229	258	28	58	89	119	150	181	211	242	12
7	199	230	259	29	59	90	120	151	182	212	243	13
8	200	231	260	30	60	91	121	152	183	213	244	14
9	201	232	1	31	61	92	122	153	184	214	245	15
10	202	233	2	32	62	93	123	154	185	215	246	16
11	203	234	3	33	63	94	124	155	186	216	247	17
12	204	235	4	34	64	95	125	156	187	217	248	18
13	205	236	5	35	65	96	126	157	188	218	249	19
14	206	237	6	36	66	97	127	158	189	219	250	20
15	207	238	7	37	67	98	128	159	190	220	251	21
16	208	239	8	38	68	99	129	160	191	221	252	22
17	209	240	9	39	69	100	130	161	192	222	253	23
18	210	241	10	40	70	101	131	162	193	223	254	24
19	211	242	11	41	71	102	132	163	194	224	255	25
20	212	243	12	42	72	103	133	164	195	225	256	26
21	213	244	13	43	73	104	134	165	196	226	257	27
22	214	245	14	44	74	105	135	166	197	227	258	28
23	215	246	15	45	75	106	136	167	198	228	259	29
24	216	247	16	46	76	107	137	168	199	229	260	30
25	217	248	17	47	77	108	138	169	200	230	1	31
26	218	249	18	48	78	109	139	170	201	231	2	32
27	219	250	19	49	79	110	140	171	202	232	3	33
28	220	251	20	50	80	111	141	172	203	233	4	34
29	221	252	21	51	81	112	142	173	204	234	5	35
30	222		22	52	82	113	143	174	205	235	6	36
31	223		23		83		144	175		236		37

1989(1937)年

	1月	2月	3月	4月	5月	6月	7月	8月	9月	10月	11月	12月
1	38	69	97	128	158	189	219	250	21	51	82	112
2	39	70	98	129	159	190	220	251	22	52	83	113
3	40	71	99	130	160	191	221	252	23	53	84	114
4	41	72	100	131	161	192	222	253	24	54	85	115
5	42	73	101	132	162	193	223	254	25	55	86	116
6	43	74	102	133	163	194	224	255	26	56	87	117
7	44	75	103	134	164	195	225	256	27	57	88	118
8	45	76	104	135	165	196	226	257	28	58	89	119
9	46	77	105	136	166	197	227	258	29	59	90	120
10	47	78	106	137	167	198	228	259	30	60	91	121
11	48	79	107	138	168	199	229	260	31	61	92	122
12	49	80	108	139	169	200	230	1	32	62	93	123
13	50	81	109	140	170	201	231	2	33	63	94	124
14	51	82	110	141	171	202	232	3	34	64	95	125
15	52	83	111	142	172	203	233	4	35	65	96	126
16	53	84	112	143	173	204	234	5	36	66	97	127
17	54	85	113	144	174	205	235	6	37	67	98	128
18	55	86	114	145	175	206	236	7	38	68	99	129
19	56	87	115	146	176	207	237	8	39	69	100	130
20	57	88	116	147	177	208	238	9	40	70	101	131
21	58	89	117	148	178	209	239	10	41	71	102	132
22	59	90	118	149	179	210	240	11	42	72	103	133
23	60	91	119	150	180	211	241	12	43	73	104	134
24	61	92	120	151	181	212	242	13	44	74	105	135
25	62	93	121	152	182	213	243	14	45	75	106	136
26	63	94	122	153	183	214	244	15	46	76	107	137
27	64	95	123	154	184	215	245	16	47	77	108	138
28	65	96	124	155	185	216	246	17	48	78	109	139
29	66		125	156	186	217	247	18	49	79	110	140
30	67		126	157	187	218	248	19	50	80	111	141
31	68		127		188		249	20		81		142

1990(1938)年

	1月	2月	3月	4月	5月	6月	7月	8月	9月	10月	11月	12月
1	143	174	202	233	3	34	64	95	126	156	187	217
2	144	175	203	234	4	35	65	96	127	157	188	218
3	145	176	204	235	5	36	66	97	128	158	189	219
4	146	177	205	236	6	37	67	98	129	159	190	220
5	147	178	206	237	7	38	68	99	130	160	191	221
6	148	179	207	238	8	39	69	100	131	161	192	222
7	149	180	208	239	9	40	70	101	132	162	193	223
8	150	181	209	240	10	41	71	102	133	163	194	224
9	151	182	210	241	11	42	72	103	134	164	195	225
10	152	183	211	242	12	43	73	104	135	165	196	226
11	153	184	212	243	13	44	74	105	136	166	197	227
12	154	185	213	244	14	45	75	106	137	167	198	228
13	155	186	214	245	15	46	76	107	138	168	199	229
14	156	187	215	246	16	47	77	108	139	169	200	230
15	157	188	216	247	17	48	78	109	140	170	201	231
16	158	189	217	248	18	49	79	110	141	171	202	232
17	159	190	218	249	19	50	80	111	142	172	203	233
18	160	191	219	250	20	51	81	112	143	173	204	234
19	161	192	220	251	21	52	82	113	144	174	205	235
20	162	193	221	252	22	53	83	114	145	175	206	236
21	163	194	222	253	23	54	84	115	146	176	207	237
22	164	195	223	254	24	55	85	116	147	177	208	238
23	165	196	224	255	25	56	86	117	148	178	209	239
24	166	197	225	256	26	57	87	118	149	179	210	240
25	167	198	226	257	27	58	88	119	150	180	211	241
26	168	199	227	258	28	59	89	120	151	181	212	242
27	169	200	228	259	29	60	90	121	152	182	213	243
28	170	201	229	260	30	61	91	122	153	183	214	244
29	171		230	1	31	62	92	123	154	184	215	245
30	172		231	2	32	63	93	124	155	185	216	246
31	173		232		33		94	125		186		247

1991(1939)年

	1月	2月	3月	4月	5月	6月	7月	8月	9月	10月	11月	12月
1	248	19	47	78	108	139	169	200	231	1	32	62
2	249	20	48	79	109	140	170	201	232	2	33	63
3	250	21	49	80	110	141	171	202	233	3	34	64
4	251	22	50	81	111	142	172	203	234	4	35	65
5	252	23	51	82	112	143	173	204	235	5	36	66
6	253	24	52	83	113	144	174	205	236	6	37	67
7	254	25	53	84	114	145	175	206	237	7	38	68
8	255	26	54	85	115	146	176	207	238	8	39	69
9	256	27	55	86	116	147	177	208	239	9	40	70
10	257	28	56	87	117	148	178	209	240	10	41	71
11	258	29	57	88	118	149	179	210	241	11	42	72
12	259	30	58	89	119	150	180	211	242	12	43	73
13	260	31	59	90	120	151	181	212	243	13	44	74
14	1	32	60	91	121	152	182	213	244	14	45	75
15	2	33	61	92	122	153	183	214	245	15	46	76
16	3	34	62	93	123	154	184	215	246	16	47	77
17	4	35	63	94	124	155	185	216	247	17	48	78
18	5	36	64	95	125	156	186	217	248	18	49	79
19	6	37	65	96	126	157	187	218	249	19	50	80
20	7	38	66	97	127	158	188	219	250	20	51	81
21	8	39	67	98	128	159	189	220	251	21	52	82
22	9	40	68	99	129	160	190	221	252	22	53	83
23	10	41	69	100	130	161	191	222	253	23	54	84
24	11	42	70	101	131	162	192	223	254	24	55	85
25	12	43	71	102	132	163	193	224	255	25	56	86
26	13	44	72	103	133	164	194	225	256	26	57	87
27	14	45	73	104	134	165	195	226	257	27	58	88
28	15	46	74	105	135	166	196	227	258	28	59	89
29	16		75	106	136	167	197	228	259	29	60	90
30	17		76	107	137	168	198	229	260	30	61	91
31	18		77		138		199	230		31		92

西暦とマヤ暦の対照表

1992(1940)年

	1月	2月	3月	4月	5月	6月	7月	8月	9月	10月	11月	12月
1	93	124	153	183	213	244	14	45	76	106	137	167
2	94	125	154	184	214	245	15	46	77	107	138	168
3	95	126	155	185	215	246	16	47	78	108	139	169
4	96	127	156	186	216	247	17	48	79	109	140	170
5	97	128	157	187	217	248	18	49	80	110	141	171
6	98	129	158	188	218	249	19	50	81	111	142	172
7	99	130	159	189	219	250	20	51	82	112	143	173
8	100	131	160	190	220	251	21	52	83	113	144	174
9	101	132	161	191	221	252	22	53	84	114	145	175
10	102	133	162	192	222	253	23	54	85	115	146	176
11	103	134	163	193	223	254	24	55	86	116	147	177
12	104	135	164	194	224	255	25	56	87	117	148	178
13	105	136	165	195	225	256	26	57	88	118	149	179
14	106	137	166	196	226	257	27	58	89	119	150	180
15	107	138	167	197	227	258	28	59	90	120	151	181
16	108	139	168	198	228	259	29	60	91	121	152	182
17	109	140	169	199	229	260	30	61	92	122	153	183
18	110	141	170	200	230	1	31	62	93	123	154	184
19	111	142	171	201	231	2	32	63	94	124	155	185
20	112	143	172	202	232	3	33	64	95	125	156	186
21	113	144	173	203	233	4	34	65	96	126	157	187
22	114	145	174	204	234	5	35	66	97	127	158	188
23	115	146	175	205	235	6	36	67	98	128	159	189
24	116	147	176	206	236	7	37	68	99	129	160	190
25	117	148	177	207	237	8	38	69	100	130	161	191
26	118	149	178	208	238	9	39	70	101	131	162	192
27	119	150	179	209	239	10	40	71	102	132	163	193
28	120	151	180	210	240	11	41	72	103	133	164	194
29	121	152	181	211	241	12	42	73	104	134	165	195
30	122		182	212	242	13	43	74	105	135	166	196
31	123		183		243		44	75		136		197

1993(1941)年

	1月	2月	3月	4月	5月	6月	7月	8月	9月	10月	11月	12月
1	198	229	257	28	58	89	119	150	181	211	242	12
2	199	230	258	29	59	90	120	151	182	212	243	13
3	200	231	259	30	60	91	121	152	183	213	244	14
4	201	232	260	31	61	92	122	153	184	214	245	15
5	202	233	1	32	62	93	123	154	185	215	246	16
6	203	234	2	33	63	94	124	155	186	216	247	17
7	204	235	3	34	64	95	125	156	187	217	248	18
8	205	236	4	35	65	96	126	157	188	218	249	19
9	206	237	5	36	66	97	127	158	189	219	250	20
10	207	238	6	37	67	98	128	159	190	220	251	21
11	208	239	7	38	68	99	129	160	191	221	252	22
12	209	240	8	39	69	100	130	161	192	222	253	23
13	210	241	9	40	70	101	131	162	193	223	254	24
14	211	242	10	41	71	102	132	163	194	224	255	25
15	212	243	11	42	72	103	133	164	195	225	256	26
16	213	244	12	43	73	104	134	165	196	226	257	27
17	214	245	13	44	74	105	135	166	197	227	258	28
18	215	246	14	45	75	106	136	167	198	228	259	29
19	216	247	15	46	76	107	137	168	199	229	260	30
20	217	248	16	47	77	108	138	169	200	230	1	31
21	218	249	17	48	78	109	139	170	201	231	2	32
22	219	250	18	49	79	110	140	171	202	232	3	33
23	220	251	19	50	80	111	141	172	203	233	4	34
24	221	252	20	51	81	112	142	173	204	234	5	35
25	222	253	21	52	82	113	143	174	205	235	6	36
26	223	254	22	53	83	114	144	175	206	236	7	37
27	224	255	23	54	84	115	145	176	207	237	8	38
28	225	256	24	55	85	116	146	177	208	238	9	39
29	226		25	56	86	117	147	178	209	239	10	40
30	227		26	57	87	118	148	179	210	240	11	41
31	228		27		88		149	180		241		42

1994 (1942) 年

	1月	2月	3月	4月	5月	6月	7月	8月	9月	10月	11月	12月
1	43	74	102	133	163	194	224	255	26	56	87	117
2	44	75	103	134	164	195	225	256	27	57	88	118
3	45	76	104	135	165	196	226	257	28	58	89	119
4	46	77	105	136	166	197	227	258	29	59	90	120
5	47	78	106	137	167	198	228	259	30	60	91	121
6	48	79	107	138	168	199	229	260	31	61	92	122
7	49	80	108	139	169	200	230	1	32	62	93	123
8	50	81	109	140	170	201	231	2	33	63	94	124
9	51	82	110	141	171	202	232	3	34	64	95	125
10	52	83	111	142	172	203	233	4	35	65	96	126
11	53	84	112	143	173	204	234	5	36	66	97	127
12	54	85	113	144	174	205	235	6	37	67	98	128
13	55	86	114	145	175	206	236	7	38	68	99	129
14	56	87	115	146	176	207	237	8	39	69	100	130
15	57	88	116	147	177	208	238	9	40	70	101	131
16	58	89	117	148	178	209	239	10	41	71	102	132
17	59	90	118	149	179	210	240	11	42	72	103	133
18	60	91	119	150	180	211	241	12	43	73	104	134
19	61	92	120	151	181	212	242	13	44	74	105	135
20	62	93	121	152	182	213	243	14	45	75	106	136
21	63	94	122	153	183	214	244	15	46	76	107	137
22	64	95	123	154	184	215	245	16	47	77	108	138
23	65	96	124	155	185	216	246	17	48	78	109	139
24	66	97	125	156	186	217	247	18	49	79	110	140
25	67	98	126	157	187	218	248	19	50	80	111	141
26	68	99	127	158	188	219	249	20	51	81	112	142
27	69	100	128	159	189	220	250	21	52	82	113	143
28	70	101	129	160	190	221	251	22	53	83	114	144
29	71		130	161	191	222	252	23	54	84	115	145
30	72		131	162	192	223	253	24	55	85	116	146
31	73		132		193		254	25		86		147

1995 (1943) 年

	1月	2月	3月	4月	5月	6月	7月	8月	9月	10月	11月	12月
1	148	179	207	238	8	39	69	100	131	161	192	222
2	149	180	208	239	9	40	70	101	132	162	193	223
3	150	181	209	240	10	41	71	102	133	163	194	224
4	151	182	210	241	11	42	72	103	134	164	195	225
5	152	183	211	242	12	43	73	104	135	165	196	226
6	153	184	212	243	13	44	74	105	136	166	197	227
7	154	185	213	244	14	45	75	106	137	167	198	228
8	155	186	214	245	15	46	76	107	138	168	199	229
9	156	187	215	246	16	47	77	108	139	169	200	230
10	157	188	216	247	17	48	78	109	140	170	201	231
11	158	189	217	248	18	49	79	110	141	171	202	232
12	159	190	218	249	19	50	80	111	142	172	203	233
13	160	191	219	250	20	51	81	112	143	173	204	234
14	161	192	220	251	21	52	82	113	144	174	205	235
15	162	193	221	252	22	53	83	114	145	175	206	236
16	163	194	222	253	23	54	84	115	146	176	207	237
17	164	195	223	254	24	55	85	116	147	177	208	238
18	165	196	224	255	25	56	86	117	148	178	209	239
19	166	197	225	256	26	57	87	118	149	179	210	240
20	167	198	226	257	27	58	88	119	150	180	211	241
21	168	199	227	258	28	59	89	120	151	181	212	242
22	169	200	228	259	29	60	90	121	152	182	213	243
23	170	201	229	260	30	61	91	122	153	183	214	244
24	171	202	230	1	31	62	92	123	154	184	215	245
25	172	203	231	2	32	63	93	124	155	185	216	246
26	173	204	232	3	33	64	94	125	156	186	217	247
27	174	205	233	4	34	65	95	126	157	187	218	248
28	175	206	234	5	35	66	96	127	158	188	219	249
29	176		235	6	36	67	97	128	159	189	220	250
30	177		236	7	37	68	98	129	160	190	221	251
31	178		237		38		99	130		191		252

西暦とマヤ暦の対照表

1996(1944)年

	1月	2月	3月	4月	5月	6月	7月	8月	9月	10月	11月	12月
1	253	24	53	83	113	144	174	205	236	6	37	67
2	254	25	54	84	114	145	175	206	237	7	38	68
3	255	26	55	85	115	146	176	207	238	8	39	69
4	256	27	56	86	116	147	177	208	239	9	40	70
5	257	28	57	87	117	148	178	209	240	10	41	71
6	258	29	58	88	118	149	179	210	241	11	42	72
7	259	30	59	89	119	150	180	211	242	12	43	73
8	260	31	60	90	120	151	181	212	243	13	44	74
9	1	32	61	91	121	152	182	213	244	14	45	75
10	2	33	62	92	122	153	183	214	245	15	46	76
11	3	34	63	93	123	154	184	215	246	16	47	77
12	4	35	64	94	124	155	185	216	247	17	48	78
13	5	36	65	95	125	156	186	217	248	18	49	79
14	6	37	66	96	126	157	187	218	249	19	50	80
15	7	38	67	97	127	158	188	219	250	20	51	81
16	8	39	68	98	128	159	189	220	251	21	52	82
17	9	40	69	99	129	160	190	221	252	22	53	83
18	10	41	70	100	130	161	191	222	253	23	54	84
19	11	42	71	101	131	162	192	223	254	24	55	85
20	12	43	72	102	132	163	193	224	255	25	56	86
21	13	44	73	103	133	164	194	225	256	26	57	87
22	14	45	74	104	134	165	195	226	257	27	58	88
23	15	46	75	105	135	166	196	227	258	28	59	89
24	16	47	76	106	136	167	197	228	259	29	60	90
25	17	48	77	107	137	168	198	229	260	30	61	91
26	18	49	78	108	138	169	199	230	1	31	62	92
27	19	50	79	109	139	170	200	231	2	32	63	93
28	20	51	80	110	140	171	201	232	3	33	64	94
29	21	52	81	111	141	172	202	233	4	34	65	95
30	22		82	112	142	173	203	234	5	35	66	96
31	23		83		143		204	235		36		97

1997(1945)年

	1月	2月	3月	4月	5月	6月	7月	8月	9月	10月	11月	12月
1	98	129	157	188	218	249	19	50	81	111	142	172
2	99	130	158	189	219	250	20	51	82	112	143	173
3	100	131	159	190	220	251	21	52	83	113	144	174
4	101	132	160	191	221	252	22	53	84	114	145	175
5	102	133	161	192	222	253	23	54	85	115	146	176
6	103	134	162	193	223	254	24	55	86	116	147	177
7	104	135	163	194	224	255	25	56	87	117	148	178
8	105	136	164	195	225	256	26	57	88	118	149	179
9	106	137	165	196	226	257	27	58	89	119	150	180
10	107	138	166	197	227	258	28	59	90	120	151	181
11	108	139	167	198	228	259	29	60	91	121	152	182
12	109	140	168	199	229	260	30	61	92	122	153	183
13	110	141	169	200	230	1	31	62	93	123	154	184
14	111	142	170	201	231	2	32	63	94	124	155	185
15	112	143	171	202	232	3	33	64	95	125	156	186
16	113	144	172	203	233	4	34	65	96	126	157	187
17	114	145	173	204	234	5	35	66	97	127	158	188
18	115	146	174	205	235	6	36	67	98	128	159	189
19	116	147	175	206	236	7	37	68	99	129	160	190
20	117	148	176	207	237	8	38	69	100	130	161	191
21	118	149	177	208	238	9	39	70	101	131	162	192
22	119	150	178	209	239	10	40	71	102	132	163	193
23	120	151	179	210	240	11	41	72	103	133	164	194
24	121	152	180	211	241	12	42	73	104	134	165	195
25	122	153	181	212	242	13	43	74	105	135	166	196
26	123	154	182	213	243	14	44	75	106	136	167	197
27	124	155	183	214	244	15	45	76	107	137	168	198
28	125	156	184	215	245	16	46	77	108	138	169	199
29	126		185	216	246	17	47	78	109	139	170	200
30	127		186	217	247	18	48	79	110	140	171	201
31	128		187		248		49	80		141		202

1998(1946)年

	1月	2月	3月	4月	5月	6月	7月	8月	9月	10月	11月	12月
1	203	234	2	33	63	94	124	155	186	216	247	17
2	204	235	3	34	64	95	125	156	187	217	248	18
3	205	236	4	35	65	96	126	157	188	218	249	19
4	206	237	5	36	66	97	127	158	189	219	250	20
5	207	238	6	37	67	98	128	159	190	220	251	21
6	208	239	7	38	68	99	129	160	191	221	252	22
7	209	240	8	39	69	100	130	161	192	222	253	23
8	210	241	9	40	70	101	131	162	193	223	254	24
9	211	242	10	41	71	102	132	163	194	224	255	25
10	212	243	11	42	72	103	133	164	195	225	256	26
11	213	244	12	43	73	104	134	165	196	226	257	27
12	214	245	13	44	74	105	135	166	197	227	258	28
13	215	246	14	45	75	106	136	167	198	228	259	29
14	216	247	15	46	76	107	137	168	199	229	260	30
15	217	248	16	47	77	108	138	169	200	230	1	31
16	218	249	17	48	78	109	139	170	201	231	2	32
17	219	250	18	49	79	110	140	171	202	232	3	33
18	220	251	19	50	80	111	141	172	203	233	4	34
19	221	252	20	51	81	112	142	173	204	234	5	35
20	222	253	21	52	82	113	143	174	205	235	6	36
21	223	254	22	53	83	114	144	175	206	236	7	37
22	224	255	23	54	84	115	145	176	207	237	8	38
23	225	256	24	55	85	116	146	177	208	238	9	39
24	226	257	25	56	86	117	147	178	209	239	10	40
25	227	258	26	57	87	118	148	179	210	240	11	41
26	228	259	27	58	88	119	149	180	211	241	12	42
27	229	260	28	59	89	120	150	181	212	242	13	43
28	230	1	29	60	90	121	151	182	213	243	14	44
29	231		30	61	91	122	152	183	214	244	15	45
30	232		31	62	92	123	153	184	215	245	16	46
31	233		32		93		154	185		246		47

1999(1947)年

	1月	2月	3月	4月	5月	6月	7月	8月	9月	10月	11月	12月
1	48	79	107	138	168	199	229	260	31	61	92	122
2	49	80	108	139	169	200	230	1	32	62	93	123
3	50	81	109	140	170	201	231	2	33	63	94	124
4	51	82	110	141	171	202	232	3	34	64	95	125
5	52	83	111	142	172	203	233	4	35	65	96	126
6	53	84	112	143	173	204	234	5	36	66	97	127
7	54	85	113	144	174	205	235	6	37	67	98	128
8	55	86	114	145	175	206	236	7	38	68	99	129
9	56	87	115	146	176	207	237	8	39	69	100	130
10	57	88	116	147	177	208	238	9	40	70	101	131
11	58	89	117	148	178	209	239	10	41	71	102	132
12	59	90	118	149	179	210	240	11	42	72	103	133
13	60	91	119	150	180	211	241	12	43	73	104	134
14	61	92	120	151	181	212	242	13	44	74	105	135
15	62	93	121	152	182	213	243	14	45	75	106	136
16	63	94	122	153	183	214	244	15	46	76	107	137
17	64	95	123	154	184	215	245	16	47	77	108	138
18	65	96	124	155	185	216	246	17	48	78	109	139
19	66	97	125	156	186	217	247	18	49	79	110	140
20	67	98	126	157	187	218	248	19	50	80	111	141
21	68	99	127	158	188	219	249	20	51	81	112	142
22	69	100	128	159	189	220	250	21	52	82	113	143
23	70	101	129	160	190	221	251	22	53	83	114	144
24	71	102	130	161	191	222	252	23	54	84	115	145
25	72	103	131	162	192	223	253	24	55	85	116	146
26	73	104	132	163	193	224	254	25	56	86	117	147
27	74	105	133	164	194	225	255	26	57	87	118	148
28	75	106	134	165	195	226	256	27	58	88	119	149
29	76		135	166	196	227	257	28	59	89	120	150
30	77		136	167	197	228	258	29	60	90	121	151
31	78		137		198		259	30		91		152

2000(1948)年

	1月	2月	3月	4月	5月	6月	7月	8月	9月	10月	11月	12月
1	153	184	213	243	13	44	74	105	136	166	197	227
2	154	185	214	244	14	45	75	106	137	167	198	228
3	155	186	215	245	15	46	76	107	138	168	199	229
4	156	187	216	246	16	47	77	108	139	169	200	230
5	157	188	217	247	17	48	78	109	140	170	201	231
6	158	189	218	248	18	49	79	110	141	171	202	232
7	159	190	219	249	19	50	80	111	142	172	203	233
8	160	191	220	250	20	51	81	112	143	173	204	234
9	161	192	221	251	21	52	82	113	144	174	205	235
10	162	193	222	252	22	53	83	114	145	175	206	236
11	163	194	223	253	23	54	84	115	146	176	207	237
12	164	195	224	254	24	55	85	116	147	177	208	238
13	165	196	225	255	25	56	86	117	148	178	209	239
14	166	197	226	256	26	57	87	118	149	179	210	240
15	167	198	227	257	27	58	88	119	150	180	211	241
16	168	199	228	258	28	59	89	120	151	181	212	242
17	169	200	229	259	29	60	90	121	152	182	213	243
18	170	201	230	260	30	61	91	122	153	183	214	244
19	171	202	231	1	31	62	92	123	154	184	215	245
20	172	203	232	2	32	63	93	124	155	185	216	246
21	173	204	233	3	33	64	94	125	156	186	217	247
22	174	205	234	4	34	65	95	126	157	187	218	248
23	175	206	235	5	35	66	96	127	158	188	219	249
24	176	207	236	6	36	67	97	128	159	189	220	250
25	177	208	237	7	37	68	98	129	160	190	221	251
26	178	209	238	8	38	69	99	130	161	191	222	252
27	179	210	239	9	39	70	100	131	162	192	223	253
28	180	211	240	10	40	71	101	132	163	193	224	254
29	181	212	241	11	41	72	102	133	164	194	225	255
30	182		242	12	42	73	103	134	165	195	226	256
31	183		243		43		104	135		196		257

2001(1949)年

	1月	2月	3月	4月	5月	6月	7月	8月	9月	10月	11月	12月
1	258	29	57	88	118	149	179	210	241	11	42	72
2	259	30	58	89	119	150	180	211	242	12	43	73
3	260	31	59	90	120	151	181	212	243	13	44	74
4	1	32	60	91	121	152	182	213	244	14	45	75
5	2	33	61	92	122	153	183	214	245	15	46	76
6	3	34	62	93	123	154	184	215	246	16	47	77
7	4	35	63	94	124	155	185	216	247	17	48	78
8	5	36	64	95	125	156	186	217	248	18	49	79
9	6	37	65	96	126	157	187	218	249	19	50	80
10	7	38	66	97	127	158	188	219	250	20	51	81
11	8	39	67	98	128	159	189	220	251	21	52	82
12	9	40	68	99	129	160	190	221	252	22	53	83
13	10	41	69	100	130	161	191	222	253	23	54	84
14	11	42	70	101	131	162	192	223	254	24	55	85
15	12	43	71	102	132	163	193	224	255	25	56	86
16	13	44	72	103	133	164	194	225	256	26	57	87
17	14	45	73	104	134	165	195	226	257	27	58	88
18	15	46	74	105	135	166	196	227	258	28	59	89
19	16	47	75	106	136	167	197	228	259	29	60	90
20	17	48	76	107	137	168	198	229	260	30	61	91
21	18	49	77	108	138	169	199	230	1	31	62	92
22	19	50	78	109	139	170	200	231	2	32	63	93
23	20	51	79	110	140	171	201	232	3	33	64	94
24	21	52	80	111	141	172	202	233	4	34	65	95
25	22	53	81	112	142	173	203	234	5	35	66	96
26	23	54	82	113	143	174	204	235	6	36	67	97
27	24	55	83	114	144	175	205	236	7	37	68	98
28	25	56	84	115	145	176	206	237	8	38	69	99
29	26		85	116	146	177	207	238	9	39	70	100
30	27		86	117	147	178	208	239	10	40	71	101
31	28		87		148		209	240		41		102

2002(1950)年

	1月	2月	3月	4月	5月	6月	7月	8月	9月	10月	11月	12月
1	103	134	162	193	223	254	24	55	86	116	147	177
2	104	135	163	194	224	255	25	56	87	117	148	178
3	105	136	164	195	225	256	26	57	88	118	149	179
4	106	137	165	196	226	257	27	58	89	119	150	180
5	107	138	166	197	227	258	28	59	90	120	151	181
6	108	139	167	198	228	259	29	60	91	121	152	182
7	109	140	168	199	229	260	30	61	92	122	153	183
8	110	141	169	200	230	1	31	62	93	123	154	184
9	111	142	170	201	231	2	32	63	94	124	155	185
10	112	143	171	202	232	3	33	64	95	125	156	186
11	113	144	172	203	233	4	34	65	96	126	157	187
12	114	145	173	204	234	5	35	66	97	127	158	188
13	115	146	174	205	235	6	36	67	98	128	159	189
14	116	147	175	206	236	7	37	68	99	129	160	190
15	117	148	176	207	237	8	38	69	100	130	161	191
16	118	149	177	208	238	9	39	70	101	131	162	192
17	119	150	178	209	239	10	40	71	102	132	163	193
18	120	151	179	210	240	11	41	72	103	133	164	194
19	121	152	180	211	241	12	42	73	104	134	165	195
20	122	153	181	212	242	13	43	74	105	135	166	196
21	123	154	182	213	243	14	44	75	106	136	167	197
22	124	155	183	214	244	15	45	76	107	137	168	198
23	125	156	184	215	245	16	46	77	108	138	169	199
24	126	157	185	216	246	17	47	78	109	139	170	200
25	127	158	186	217	247	18	48	79	110	140	171	201
26	128	159	187	218	248	19	49	80	111	141	172	202
27	129	160	188	219	249	20	50	81	112	142	173	203
28	130	161	189	220	250	21	51	82	113	143	174	204
29	131		190	221	251	22	52	83	114	144	175	205
30	132		191	222	252	23	53	84	115	145	176	206
31	133		192		253		54	85		146		207

2003(1951)年

	1月	2月	3月	4月	5月	6月	7月	8月	9月	10月	11月	12月
1	208	239	7	38	68	99	129	160	191	221	252	22
2	209	240	8	39	69	100	130	161	192	222	253	23
3	210	241	9	40	70	101	131	162	193	223	254	24
4	211	242	10	41	71	102	132	163	194	224	255	25
5	212	243	11	42	72	103	133	164	195	225	256	26
6	213	244	12	43	73	104	134	165	196	226	257	27
7	214	245	13	44	74	105	135	166	197	227	258	28
8	215	246	14	45	75	106	136	167	198	228	259	29
9	216	247	15	46	76	107	137	168	199	229	260	30
10	217	248	16	47	77	108	138	169	200	230	1	31
11	218	249	17	48	78	109	139	170	201	231	2	32
12	219	250	18	49	79	110	140	171	202	232	3	33
13	220	251	19	50	80	111	141	172	203	233	4	34
14	221	252	20	51	81	112	142	173	204	234	5	35
15	222	253	21	52	82	113	143	174	205	235	6	36
16	223	254	22	53	83	114	144	175	206	236	7	37
17	224	255	23	54	84	115	145	176	207	237	8	38
18	225	256	24	55	85	116	146	177	208	238	9	39
19	226	257	25	56	86	117	147	178	209	239	10	40
20	227	258	26	57	87	118	148	179	210	240	11	41
21	228	259	27	58	88	119	149	180	211	241	12	42
22	229	260	28	59	89	120	150	181	212	242	13	43
23	230	1	29	60	90	121	151	182	213	243	14	44
24	231	2	30	61	91	122	152	183	214	244	15	45
25	232	3	31	62	92	123	153	184	215	245	16	46
26	233	4	32	63	93	124	154	185	216	246	17	47
27	234	5	33	64	94	125	155	186	217	247	18	48
28	235	6	34	65	95	126	156	187	218	248	19	49
29	236		35	66	96	127	157	188	219	249	20	50
30	237		36	67	97	128	158	189	220	250	21	51
31	238		37		98		159	190		251		52

西暦とマヤ暦の対照表

2004(1952)年

	1月	2月	3月	4月	5月	6月	7月	8月	9月	10月	11月	12月
1	53	84	113	143	173	204	234	5	36	66	97	127
2	54	85	114	144	174	205	235	6	37	67	98	128
3	55	86	115	145	175	206	236	7	38	68	99	129
4	56	87	116	146	176	207	237	8	39	69	100	130
5	57	88	117	147	177	208	238	9	40	70	101	131
6	58	89	118	148	178	209	239	10	41	71	102	132
7	59	90	119	149	179	210	240	11	42	72	103	133
8	60	91	120	150	180	211	241	12	43	73	104	134
9	61	92	121	151	181	212	242	13	44	74	105	135
10	62	93	122	152	182	213	243	14	45	75	106	136
11	63	94	123	153	183	214	244	15	46	76	107	137
12	64	95	124	154	184	215	245	16	47	77	108	138
13	65	96	125	155	185	216	246	17	48	78	109	139
14	66	97	126	156	186	217	247	18	49	79	110	140
15	67	98	127	157	187	218	248	19	50	80	111	141
16	68	99	128	158	188	219	249	20	51	81	112	142
17	69	100	129	159	189	220	250	21	52	82	113	143
18	70	101	130	160	190	221	251	22	53	83	114	144
19	71	102	131	161	191	222	252	23	54	84	115	145
20	72	103	132	162	192	223	253	24	55	85	116	146
21	73	104	133	163	193	224	254	25	56	86	117	147
22	74	105	134	164	194	225	255	26	57	87	118	148
23	75	106	135	165	195	226	256	27	58	88	119	149
24	76	107	136	166	196	227	257	28	59	89	120	150
25	77	108	137	167	197	228	258	29	60	90	121	151
26	78	109	138	168	198	229	259	30	61	91	122	152
27	79	110	139	169	199	230	260	31	62	92	123	153
28	80	111	140	170	200	231	1	32	63	93	124	154
29	81	112	141	171	201	232	2	33	64	94	125	155
30	82		142	172	202	233	3	34	65	95	126	156
31	83		143		203		4	35		96		157

2005(1953)年

	1月	2月	3月	4月	5月	6月	7月	8月	9月	10月	11月	12月
1	158	189	217	248	18	49	79	110	141	171	202	232
2	159	190	218	249	19	50	80	111	142	172	203	233
3	160	191	219	250	20	51	81	112	143	173	204	234
4	161	192	220	251	21	52	82	113	144	174	205	235
5	162	193	221	252	22	53	83	114	145	175	206	236
6	163	194	222	253	23	54	84	115	146	176	207	237
7	164	195	223	254	24	55	85	116	147	177	208	238
8	165	196	224	255	25	56	86	117	148	178	209	239
9	166	197	225	256	26	57	87	118	149	179	210	240
10	167	198	226	257	27	58	88	119	150	180	211	241
11	168	199	227	258	28	59	89	120	151	181	212	242
12	169	200	228	259	29	60	90	121	152	182	213	243
13	170	201	229	260	30	61	91	122	153	183	214	244
14	171	202	230	1	31	62	92	123	154	184	215	245
15	172	203	231	2	32	63	93	124	155	185	216	246
16	173	204	232	3	33	64	94	125	156	186	217	247
17	174	205	233	4	34	65	95	126	157	187	218	248
18	175	206	234	5	35	66	96	127	158	188	219	249
19	176	207	235	6	36	67	97	128	159	189	220	250
20	177	208	236	7	37	68	98	129	160	190	221	251
21	178	209	237	8	38	69	99	130	161	191	222	252
22	179	210	238	9	39	70	100	131	162	192	223	253
23	180	211	239	10	40	71	101	132	163	193	224	254
24	181	212	240	11	41	72	102	133	164	194	225	255
25	182	213	241	12	42	73	103	134	165	195	226	256
26	183	214	242	13	43	74	104	135	166	196	227	257
27	184	215	243	14	44	75	105	136	167	197	228	258
28	185	216	244	15	45	76	106	137	168	198	229	259
29	186		245	16	46	77	107	138	169	199	230	260
30	187		246	17	47	78	108	139	170	200	231	1
31	188		247		48		109	140		201		2

2006(1954)年

	1月	2月	3月	4月	5月	6月	7月	8月	9月	10月	11月	12月
1	3	34	62	93	123	154	184	215	246	16	47	77
2	4	35	63	94	124	155	185	216	247	17	48	78
3	5	36	64	95	125	156	186	217	248	18	49	79
4	6	37	65	96	126	157	187	218	249	19	50	80
5	7	38	66	97	127	158	188	219	250	20	51	81
6	8	39	67	98	128	159	189	220	251	21	52	82
7	9	40	68	99	129	160	190	221	252	22	53	83
8	10	41	69	100	130	161	191	222	253	23	54	84
9	11	42	70	101	131	162	192	223	254	24	55	85
10	12	43	71	102	132	163	193	224	255	25	56	86
11	13	44	72	103	133	164	194	225	256	26	57	87
12	14	45	73	104	134	165	195	226	257	27	58	88
13	15	46	74	105	135	166	196	227	258	28	59	89
14	16	47	75	106	136	167	197	228	259	29	60	90
15	17	48	76	107	137	168	198	229	260	30	61	91
16	18	49	77	108	138	169	199	230	1	31	62	92
17	19	50	78	109	139	170	200	231	2	32	63	93
18	20	51	79	110	140	171	201	232	3	33	64	94
19	21	52	80	111	141	172	202	233	4	34	65	95
20	22	53	81	112	142	173	203	234	5	35	66	96
21	23	54	82	113	143	174	204	235	6	36	67	97
22	24	55	83	114	144	175	205	236	7	37	68	98
23	25	56	84	115	145	176	206	237	8	38	69	99
24	26	57	85	116	146	177	207	238	9	39	70	100
25	27	58	86	117	147	178	208	239	10	40	71	101
26	28	59	87	118	148	179	209	240	11	41	72	102
27	29	60	88	119	149	180	210	241	12	42	73	103
28	30	61	89	120	150	181	211	242	13	43	74	104
29	31		90	121	151	182	212	243	14	44	75	105
30	32		91	122	152	183	213	244	15	45	76	106
31	33		92		153		214	245		46		107

2007(1955)年

	1月	2月	3月	4月	5月	6月	7月	8月	9月	10月	11月	12月
1	108	139	167	198	228	259	29	60	91	121	152	182
2	109	140	168	199	229	260	30	61	92	122	153	183
3	110	141	169	200	230	1	31	62	93	123	154	184
4	111	142	170	201	231	2	32	63	94	124	155	185
5	112	143	171	202	232	3	33	64	95	125	156	186
6	113	144	172	203	233	4	34	65	96	126	157	187
7	114	145	173	204	234	5	35	66	97	127	158	188
8	115	146	174	205	235	6	36	67	98	128	159	189
9	116	147	175	206	236	7	37	68	99	129	160	190
10	117	148	176	207	237	8	38	69	100	130	161	191
11	118	149	177	208	238	9	39	70	101	131	162	192
12	119	150	178	209	239	10	40	71	102	132	163	193
13	120	151	179	210	240	11	41	72	103	133	164	194
14	121	152	180	211	241	12	42	73	104	134	165	195
15	122	153	181	212	242	13	43	74	105	135	166	196
16	123	154	182	213	243	14	44	75	106	136	167	197
17	124	155	183	214	244	15	45	76	107	137	168	198
18	125	156	184	215	245	16	46	77	108	138	169	199
19	126	157	185	216	246	17	47	78	109	139	170	200
20	127	158	186	217	247	18	48	79	110	140	171	201
21	128	159	187	218	248	19	49	80	111	141	172	202
22	129	160	188	219	249	20	50	81	112	142	173	203
23	130	161	189	220	250	21	51	82	113	143	174	204
24	131	162	190	221	251	22	52	83	114	144	175	205
25	132	163	191	222	252	23	53	84	115	145	176	206
26	133	164	192	223	253	24	54	85	116	146	177	207
27	134	165	193	224	254	25	55	86	117	147	178	208
28	135	166	194	225	255	26	56	87	118	148	179	209
29	136		195	226	256	27	57	88	119	149	180	210
30	137		196	227	257	28	58	89	120	150	181	211
31	138		197		258		59	90		151		212

西暦とマヤ暦の対照表

2008(1956)年

	1月	2月	3月	4月	5月	6月	7月	8月	9月	10月	11月	12月
1	213	244	13	43	73	104	134	165	196	226	257	27
2	214	245	14	44	74	105	135	166	197	227	258	28
3	215	246	15	45	75	106	136	167	198	228	259	29
4	216	247	16	46	76	107	137	168	199	229	260	30
5	217	248	17	47	77	108	138	169	200	230	1	31
6	218	249	18	48	78	109	139	170	201	231	2	32
7	219	250	19	49	79	110	140	171	202	232	3	33
8	220	251	20	50	80	111	141	172	203	233	4	34
9	221	252	21	51	81	112	142	173	204	234	5	35
10	222	253	22	52	82	113	143	174	205	235	6	36
11	223	254	23	53	83	114	144	175	206	236	7	37
12	224	255	24	54	84	115	145	176	207	237	8	38
13	225	256	25	55	85	116	146	177	208	238	9	39
14	226	257	26	56	86	117	147	178	209	239	10	40
15	227	258	27	57	87	118	148	179	210	240	11	41
16	228	259	28	58	88	119	149	180	211	241	12	42
17	229	260	29	59	89	120	150	181	212	242	13	43
18	230	1	30	60	90	121	151	182	213	243	14	44
19	231	2	31	61	91	122	152	183	214	244	15	45
20	232	3	32	62	92	123	153	184	215	245	16	46
21	233	4	33	63	93	124	154	185	216	246	17	47
22	234	5	34	64	94	125	155	186	217	247	18	48
23	235	6	35	65	95	126	156	187	218	248	19	49
24	236	7	36	66	96	127	157	188	219	249	20	50
25	237	8	37	67	97	128	158	189	220	250	21	51
26	238	9	38	68	98	129	159	190	221	251	22	52
27	239	10	39	69	99	130	160	191	222	252	23	53
28	240	11	40	70	100	131	161	192	223	253	24	54
29	241	12	41	71	101	132	162	193	224	254	25	55
30	242		42	72	102	133	163	194	225	255	26	56
31	243		43		103		164	195		256		57

2009(1957)年

	1月	2月	3月	4月	5月	6月	7月	8月	9月	10月	11月	12月
1	58	89	117	148	178	209	239	10	41	71	102	132
2	59	90	118	149	179	210	240	11	42	72	103	133
3	60	91	119	150	180	211	241	12	43	73	104	134
4	61	92	120	151	181	212	242	13	44	74	105	135
5	62	93	121	152	182	213	243	14	45	75	106	136
6	63	94	122	153	183	214	244	15	46	76	107	137
7	64	95	123	154	184	215	245	16	47	77	108	138
8	65	96	124	155	185	216	246	17	48	78	109	139
9	66	97	125	156	186	217	247	18	49	79	110	140
10	67	98	126	157	187	218	248	19	50	80	111	141
11	68	99	127	158	188	219	249	20	51	81	112	142
12	69	100	128	159	189	220	250	21	52	82	113	143
13	70	101	129	160	190	221	251	22	53	83	114	144
14	71	102	130	161	191	222	252	23	54	84	115	145
15	72	103	131	162	192	223	253	24	55	85	116	146
16	73	104	132	163	193	224	254	25	56	86	117	147
17	74	105	133	164	194	225	255	26	57	87	118	148
18	75	106	134	165	195	226	256	27	58	88	119	149
19	76	107	135	166	196	227	257	28	59	89	120	150
20	77	108	136	167	197	228	258	29	60	90	121	151
21	78	109	137	168	198	229	259	30	61	91	122	152
22	79	110	138	169	199	230	260	31	62	92	123	153
23	80	111	139	170	200	231	1	32	63	93	124	154
24	81	112	140	171	201	232	2	33	64	94	125	155
25	82	113	141	172	202	233	3	34	65	95	126	156
26	83	114	142	173	203	234	4	35	66	96	127	157
27	84	115	143	174	204	235	5	36	67	97	128	158
28	85	116	144	175	205	236	6	37	68	98	129	159
29	86		145	176	206	237	7	38	69	99	130	160
30	87		146	177	207	238	8	39	70	100	131	161
31	88		147		208		9	40		101		162

2010(1958)年

	1月	2月	3月	4月	5月	6月	7月	8月	9月	10月	11月	12月
1	163	194	222	253	23	54	84	115	146	176	207	237
2	164	195	223	254	24	55	85	116	147	177	208	238
3	165	196	224	255	25	56	86	117	148	178	209	239
4	166	197	225	256	26	57	87	118	149	179	210	240
5	167	198	226	257	27	58	88	119	150	180	211	241
6	168	199	227	258	28	59	89	120	151	181	212	242
7	169	200	228	259	29	60	90	121	152	182	213	243
8	170	201	229	260	30	61	91	122	153	183	214	244
9	171	202	230	1	31	62	92	123	154	184	215	245
10	172	203	231	2	32	63	93	124	155	185	216	246
11	173	204	232	3	33	64	94	125	156	186	217	247
12	174	205	233	4	34	65	95	126	157	187	218	248
13	175	206	234	5	35	66	96	127	158	188	219	249
14	176	207	235	6	36	67	97	128	159	189	220	250
15	177	208	236	7	37	68	98	129	160	190	221	251
16	178	209	237	8	38	69	99	130	161	191	222	252
17	179	210	238	9	39	70	100	131	162	192	223	253
18	180	211	239	10	40	71	101	132	163	193	224	254
19	181	212	240	11	41	72	102	133	164	194	225	255
20	182	213	241	12	42	73	103	134	165	195	226	256
21	183	214	242	13	43	74	104	135	166	196	227	257
22	184	215	243	14	44	75	105	136	167	197	228	258
23	185	216	244	15	45	76	106	137	168	198	229	259
24	186	217	245	16	46	77	107	138	169	199	230	260
25	187	218	246	17	47	78	108	139	170	200	231	1
26	188	219	247	18	48	79	109	140	171	201	232	2
27	189	220	248	19	49	80	110	141	172	202	233	3
28	190	221	249	20	50	81	111	142	173	203	234	4
29	191		250	21	51	82	112	143	174	204	235	5
30	192		251	22	52	83	113	144	175	205	236	6
31	193		252		53		114	145		206		7

2011(1959)年

	1月	2月	3月	4月	5月	6月	7月	8月	9月	10月	11月	12月
1	8	39	67	98	128	159	189	220	251	21	52	82
2	9	40	68	99	129	160	190	221	252	22	53	83
3	10	41	69	100	130	161	191	222	253	23	54	84
4	11	42	70	101	131	162	192	223	254	24	55	85
5	12	43	71	102	132	163	193	224	255	25	56	86
6	13	44	72	103	133	164	194	225	256	26	57	87
7	14	45	73	104	134	165	195	226	257	27	58	88
8	15	46	74	105	135	166	196	227	258	28	59	89
9	16	47	75	106	136	167	197	228	259	29	60	90
10	17	48	76	107	137	168	198	229	260	30	61	91
11	18	49	77	108	138	169	199	230	1	31	62	92
12	19	50	78	109	139	170	200	231	2	32	63	93
13	20	51	79	110	140	171	201	232	3	33	64	94
14	21	52	80	111	141	172	202	233	4	34	65	95
15	22	53	81	112	142	173	203	234	5	35	66	96
16	23	54	82	113	143	174	204	235	6	36	67	97
17	24	55	83	114	144	175	205	236	7	37	68	98
18	25	56	84	115	145	176	206	237	8	38	69	99
19	26	57	85	116	146	177	207	238	9	39	70	100
20	27	58	86	117	147	178	208	239	10	40	71	101
21	28	59	87	118	148	179	209	240	11	41	72	102
22	29	60	88	119	149	180	210	241	12	42	73	103
23	30	61	89	120	150	181	211	242	13	43	74	104
24	31	62	90	121	151	182	212	243	14	44	75	105
25	32	63	91	122	152	183	213	244	15	45	76	106
26	33	64	92	123	153	184	214	245	16	46	77	107
27	34	65	93	124	154	185	215	246	17	47	78	108
28	35	66	94	125	155	186	216	247	18	48	79	109
29	36		95	126	156	187	217	248	19	49	80	110
30	37		96	127	157	188	218	249	20	50	81	111
31	38		97		158		219	250		51		112

西暦とマヤ暦の対照表

2012(1960)年

	1月	2月	3月	4月	5月	6月	7月	8月	9月	10月	11月	12月
1	113	144	173	203	233	4	34	65	96	126	157	187
2	114	145	174	204	234	5	35	66	97	127	158	188
3	115	146	175	205	235	6	36	67	98	128	159	189
4	116	147	176	206	236	7	37	68	99	129	160	190
5	117	148	177	207	237	8	38	69	100	130	161	191
6	118	149	178	208	238	9	39	70	101	131	162	192
7	119	150	179	209	239	10	40	71	102	132	163	193
8	120	151	180	210	240	11	41	72	103	133	164	194
9	121	152	181	211	241	12	42	73	104	134	165	195
10	122	153	182	212	242	13	43	74	105	135	166	196
11	123	154	183	213	243	14	44	75	106	136	167	197
12	124	155	184	214	244	15	45	76	107	137	168	198
13	125	156	185	215	245	16	46	77	108	138	169	199
14	126	157	186	216	246	17	47	78	109	139	170	200
15	127	158	187	217	247	18	48	79	110	140	171	201
16	128	159	188	218	248	19	49	80	111	141	172	202
17	129	160	189	219	249	20	50	81	112	142	173	203
18	130	161	190	220	250	21	51	82	113	143	174	204
19	131	162	191	221	251	22	52	83	114	144	175	205
20	132	163	192	222	252	23	53	84	115	145	176	206
21	133	164	193	223	253	24	54	85	116	146	177	207
22	134	165	194	224	254	25	55	86	117	147	178	208
23	135	166	195	225	255	26	56	87	118	148	179	209
24	136	167	196	226	256	27	57	88	119	149	180	210
25	137	168	197	227	257	28	58	89	120	150	181	211
26	138	169	198	228	258	29	59	90	121	151	182	212
27	139	170	199	229	259	30	60	91	122	152	183	213
28	140	171	200	230	260	31	61	92	123	153	184	214
29	141	172	201	231	1	32	62	93	124	154	185	215
30	142		202	232	2	33	63	94	125	155	186	216
31	143		203		3		64	95		156		217

2013(1961)年

	1月	2月	3月	4月	5月	6月	7月	8月	9月	10月	11月	12月
1	218	249	17	48	78	109	139	170	201	231	2	32
2	219	250	18	49	79	110	140	171	202	232	3	33
3	220	251	19	50	80	111	141	172	203	233	4	34
4	221	252	20	51	81	112	142	173	204	234	5	35
5	222	253	21	52	82	113	143	174	205	235	6	36
6	223	254	22	53	83	114	144	175	206	236	7	37
7	224	255	23	54	84	115	145	176	207	237	8	38
8	225	256	24	55	85	116	146	177	208	238	9	39
9	226	257	25	56	86	117	147	178	209	239	10	40
10	227	258	26	57	87	118	148	179	210	240	11	41
11	228	259	27	58	88	119	149	180	211	241	12	42
12	229	260	28	59	89	120	150	181	212	242	13	43
13	230	1	29	60	90	121	151	182	213	243	14	44
14	231	2	30	61	91	122	152	183	214	244	15	45
15	232	3	31	62	92	123	153	184	215	245	16	46
16	233	4	32	63	93	124	154	185	216	246	17	47
17	234	5	33	64	94	125	155	186	217	247	18	48
18	235	6	34	65	95	126	156	187	218	248	19	49
19	236	7	35	66	96	127	157	188	219	249	20	50
20	237	8	36	67	97	128	158	189	220	250	21	51
21	238	9	37	68	98	129	159	190	221	251	22	52
22	239	10	38	69	99	130	160	191	222	252	23	53
23	240	11	39	70	100	131	161	192	223	253	24	54
24	241	12	40	71	101	132	162	193	224	254	25	55
25	242	13	41	72	102	133	163	194	225	255	26	56
26	243	14	42	73	103	134	164	195	226	256	27	57
27	244	15	43	74	104	135	165	196	227	257	28	58
28	245	16	44	75	105	136	166	197	228	258	29	59
29	246		45	76	106	137	167	198	229	259	30	60
30	247		46	77	107	138	168	199	230	260	31	61
31	248		47		108		169	200		1		62

〈主な参考文献目録〉

「マヤン・ファクター」ホゼ・アグエイアス　１９９９年（１９８７）ヴォイス
Dreamspell　ホゼ・アグエイアス　１９９０年　香港刊
The Arcturus Probe　ホゼ・アグエイアス　１９９６　Light Technology Publishing
「マヤ文明」石田英一郎　１９６７年　中公新書
「マヤ文明」ポール・ジャンドロ　１９８１年　白水社
「マヤ文明の謎」青木晴夫　１９８４年　講談社現代新書
「マヤ文明」デイヴィッド・アダムソン　１９８７年　法政大学出版局
「古代マヤ王歴代誌」S・マーティン、N・グルーベ共著　邦訳２００２年　創元社
「アステカ・マヤの神話」カール・タウベ　１９９３年　邦訳１９９６年　丸善ブックス
「マヤ文明　新たなる真実」実松克義　２００３年　講談社
「マヤの預言」A・ギルバート、M・コットレル　１９９７年　凱風社
「神々の世界　上」グラハム・ハンコック　２００２年　小学館
「神々の世界　下」グラハム・ハンコック　２００２年　小学館
「石器時代文明の驚異」リチャード・ラジリー　１９９８年　河出書房新社
「西暦５３５年の大噴火」デイヴィッド・キーズ　１９９９年　文芸春秋

参考文献目録

「遺物は語る　化学が解く古代の謎」ジョーゼフ・B・ランバート　１９９８年　青土社
「マヤ／グァテマラ&ベリーズ」辻丸純一　２００１年　雷鳥社
「マヤ・アステカの神話」アイリーン・ニコルソン　１９９２年　青土社
「古代アナトリアの遺産」立田洋司　１９７７年　近藤出版社
「聖書物語　旧約編」山形孝夫　２００１年　河出書房新社
「考古学のための年代測定学入門」長友恒人編　１９９９年　古今書院
「マヤ神話　ポポル・ヴフ」A・レシーノス　１９７７年　中央公論新社
「マヤ・インカ神話伝説集」松村武雄編　１９８４年　社会思想社　教養文庫
「新しい時間の発見」ホゼ&ロイディーン・アグエイアス著　１９９７年　風雲舎
「マヤ・アステカ　太陽の文明」吉村作治　１９９８年　平凡社
「超古代史入門　石炭紀に遡る地球文明の謎」佐治芳彦　１９８７年　徳間書店
「クリティアス」プラトン　１９６９年　世界の名著プラトン２　中央公論社
「ティマイオス」「プラトン全集１２」種山恭子訳　１９７５年　岩波書店
「世界の歴史１、人類の起源と古代オリエント」１９９８年　中央公論社
「世界の神話百科　アメリカ編」D．M．ジョーズ他　２００２年　原書房
「世界の名著　ベルクソン」１９６９年　中央公論社

古代マヤ暦「13の音」占い

2009年6月5日　第1刷発行

著　者——越川宗亮

発行人——杉山　隆

発行所——株式会社コスモトゥーワン
〒171-0021　東京都豊島区西池袋2-39-6-8F
☎03（3988）3911
FAX03（3988）7062
URL http://www.cos21.com/

印刷・製本——日経印刷株式会社

定価はカバーに表示してあります。

ISBN978-4-87795-161-0 C0030